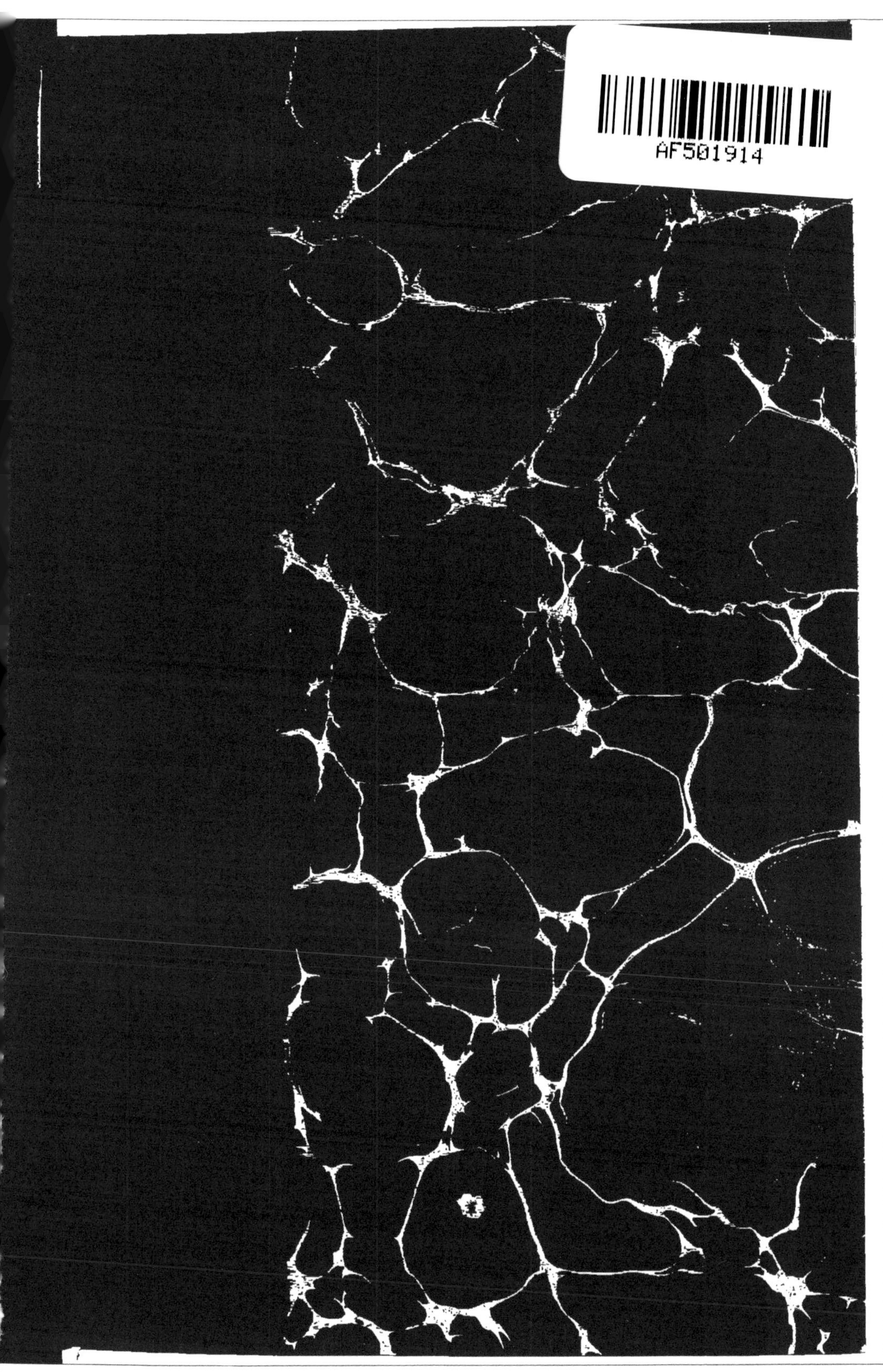
AF501914

LAURENCHET 1977

I

HISTOIRE ANCIENNE,

OU

PREMIÈRE PARTIE

DE

L'HISTOIRE

DES

HOMMES.

HISTOIRE DES HOMMES,

OU

HISTOIRE NOUVELLE DE TOUS LES PEUPLES DU MONDE,

PARTIE DE L'HISTOIRE ANCIENNE.

TOME XXIV.

A PARIS,

M. DCC. LXXXIII.

Avec Approbation, & Privilége du Roi.

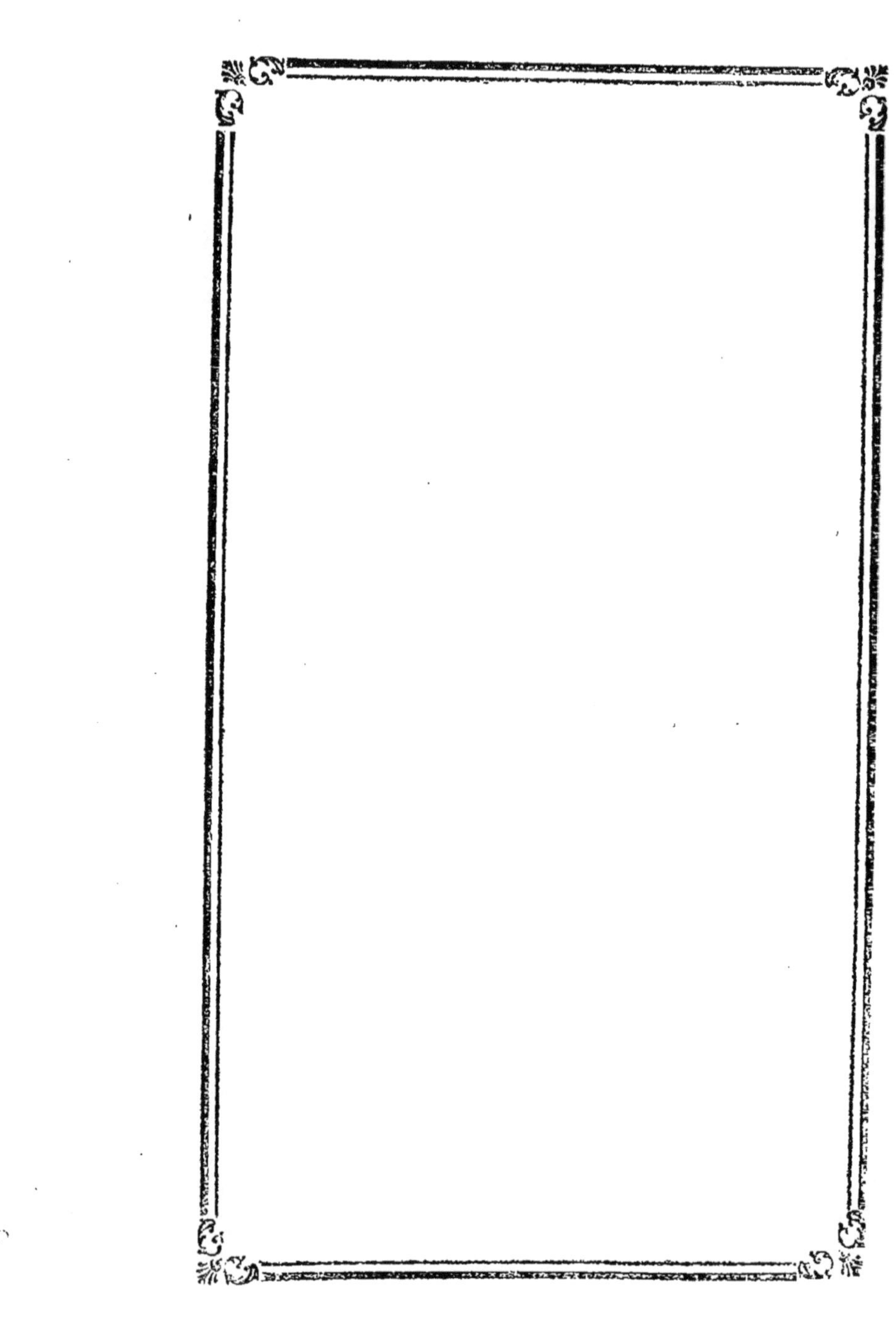

HISTOIRE
DE
LA GRECE.

DE LA PHILOSOPHIE
CHEZ LES GRECS.

La Philosophie, comme nous l'avons déjà fait pressentir, ne suivit pas chez les Grecs les progrès du goût; c'est que leur imagination brillante craignait de s'appésantir sur la discussion d'un sistême: elle aimait mieux créer les opinions humaines, que les analyser; elle s'élançait toujours au devant de la raiſon, au lieu de ſuivre ſa marche timide, mais ſûre. Auſſi le plus beau génie dont la Philoſophie grecque s'honore, Platon, malgré l'épithete de divin qu'il a reçu de l'enthouſiaſme des ſiécles, n'a-t-il pas fait faire en ce genre un ſeul pas à l'eſprit humain ? il a été Poëte, Orateur en philoſophie; mais il a oublié d'être Philoſophe.

Une des grandes raiſons qui a retardé les progrès de la Gréce, dans cette belle branche des connaiſſances humaines, c'eſt que la phyſique, ſans laquelle la Philoſophie n'eſt que le vain tatonnement d'une raiſon qui quitte ſon berceau, n'exiſtait pas encore au milieu du ſiécle d'Alexandre. Ariſtote eſt preſque le premier qui ſe ſoit apperçu, que le ſiſtême le plus ingénieux n'eſt qu'un rêve brillant, quand il n'eſt pas appuyé ſur les faits : alors il fonda une ſecte qui eut pour but d'étudier la nature; mais au moment où cette ſecte ſe propoſait de faire tourner le monde ſur un axe nouveau, Rome parut ſur les limites de l'Aſie & de l'Europe, & la Gréce fut ſubjuguée.

La morale eſt la ſeule partie de la Philoſophie, que les Grecs ayent cultivé avec ſuccès; mais auſſi la morale n'eſt point du domaine d'un ſiécle de lumieres; il ne faut point d'effort de génie pour l'atteindre. Socrate, le grand Socrate, pour en donner une théorie ſublime, commença par faire divorce avec les livres, & deſcendant dans ſon propre cœur, il y lut les élémens du contract qui lie l'homme à Dieu, & l'homme à l'homme.

Les Grecs, nos maîtres à tant d'égards & ceux du monde entier, ne ſont donc que des hommes ordinaires, quand il s'agit de l'art de raiſonner, où Locke eſt devenu ſi grand; de la métaphyſique, qui a valu tant de triomphes aux Leibnitz & aux Condillac, & des différentes branches de la phyſique, où ſe ſont immortaliſé les Halley, les Boyle & les Newton.

Il me ſemble que d'après ces principes, il vaudrait mieux claſſer les ſiécles, d'après l'ordre des connoiſſances humaines, que d'adopter la diviſion vulgaire des Hiſtoriens. On dirait alors qu'il y a eu trois ſiécles de goût, celui d'Alexandre chez les Grecs, celui d'Auguſte à Rome, & chez nous celui de Louis XIV. Le ſiécle des Médicis n'a exiſté que pour la peinture, & celui que nous venons de commencer eſt le ſiécle de la raiſon par excellence.

Cependant quoique la Philoſophie grecque mérite peu d'occuper l'Hiſtorien du ſiécle d'Alexandre, une curioſité vague & inquiéte, nous porte à connaître les opinions, auxquelles les Diogene, les Pyrhon & les Anaxagore doivent leur renommée, & nous répondrons à l'attente générale, par le tableau hiſtorique qui va ſuivre. Ces opinions au reſte, quelque bizarres qu'elles nous paraiſſent ſont concentrées dans un très-petit cercle d'idées, dont les ſophiſtes ne ſortent pas. On dirait qu'une gravitation particuliere attire l'ignorance au centre de ce cercle, & ne permet pas à l'eſprit de s'élancer au delà de la circonférence.

Comme les Notices que nous allons donner, ſont par ordre alphabétique, il faut pour concilier ce déſordre apparent avec la Philoſophie du Lecteur, faire précéder notre tableau de quelques vues préliminaires.

Si la curioſité fit naître les premières découvertes philoſophiques, ce fut la vanité qui d'abord les empêcha de ſe propager; on attacha une ſorte de conſidération à poſſéder ſeul le dépôt des connaiſſances; & les premiers Philoſophes, pour ſe diſtinguer du reſte des hommes, couvrirent d'un voile myſtérieux, les ſecrets qu'ils prétendaient avoir arraché à la nature.

Telle fut l'origine des Sectes que la Gréce vit se former dans son sein. Chaque homme qui se crut un peu plus éclairé que ses contemporains, rassembla autour de lui un petit nombre de disciples, qu'il initia dans sa doctrine, & qu'il chargea de faire des prosélytes. Il est évident que si ces Patriarches des nouvelles opinions, avaient rencontré la vérité, ils auraient mis une réserve moins fastueuse à la répandre, & dès lors ils n'auraient pas fait Secte.

Thalès est le premier chef d'une Secte Philosophique; comme il naquit à Milet, ville de l'Ionie, on donna à son école le nom de SECTE IONIQUE. Le plus grand honneur de cette premiere des Sectes, est d'avoir été le berceau du grand Socrate.

Socrate eut une école; mais par lui-même ne fit point de Secte, car il n'y a pas deux manieres d'envisager la vérité; mais ses disciples Aristippe,

Euclide, Antisthene & Platon, payerent le tribut à l'opinion qui attachait de la gloire, à isoler les rameaux du grand arbre des connaissances humaines; Aristippe de Cyrène, fonda la SECTE CYRENAÏQUE, où naquirent le sceptique Evhemère, & ce qui est étrange, l'Athée Théodore. Euclide de Mégare qui s'attacha particulièrement aux Sciences exactes, donna naissance au MEGARISME, où fleurirent Stilpon, & Apollonius. Le CYNISME, dont Diogene a tant abusé, reconnut pour son chef Antisthene, & Platon bien supérieur par son génie à tous les autres disciples de Socrate, fut le Patriarche de l'ACADÉMIE.

On ne se doute pas que le Cynisme, qui s'est rendu coupable de tant de crimes envers la morale, a produit le STOYCISME, l'école de la vertu la plus pure sous Zenon & Marc-Aurele.

Aristote jaloux de la gloire de Platon & qui ne voulait être sur rien, de l'avis de ce grand homme, aima mieux ressusciter les dogmes oubliés de Thalès, & tira du sein de la secte Ionique le PERIPATÉTISME.

Pendant que Thalès en Asie mineure, faisait germer toutes les sectes, qui tour à tour se partagèrent l'empire du Péloponèse, Pythagore fondait à Samos, la Secte SAMIENNE, d'où sortit l'ECLECTISME imaginé par Xénophane; Le PYRHONISME & l'EPICUREISME qui durent leur nom à Pyrhon & à Epicure; Pyrhon qui apprenait à ne rien croire, vint le dernier, & c'est une singuliere observation dans l'Histoire de l'esprit humain, de voir toutes ces sectes grecques occupées pendant plusieurs siécles à s'observer, à se combattre, à se modifier, finir enfin par le Pyrhonisme. Cette dégradation de la Philosophie grecque, à son dernier période, prouve d'une manière évidente sa faiblesse dans son origine, & nous justifie de ne parler de ſes héros prétendus, que dans un Dictionnaire.

Anacharsis (*a*). — Ce Philoſophe était né d'une mere Grecque, qui avait épouſé un Roi de Scythie. Il fut le contemporain & l'ami de Solon. C'eſt lui qui dit à ce ſage légiſlateur d'Athenes, en voyant les matériaux immenſes du code qu'il méditait : *Philoſophe, toutes ces loix ſociales ſont des toiles d'arraignées, le faible s'y arrête ; mais l'homme puiſſant les briſe ſans effort.*

Anacharſis mit ſa Philoſophie en vers. On citait en ce genre un poëme ſur la légiſlation, auquel il de-

(*a*) Nos principaux guides dans ce tableau hiſtorique, ſont *Diogene-Laërce*, qui a écrit longuement & ſans critique la vie des Philoſophes de l'antiquité ; *Platon* dans ſes dialogues, & *Plutarque* dans ſes œuvres morales. Nous avons auſſi recueilli quelques traits épars dans les compilations d'Elien, de Valére-Maxime, & d'Aulu-Gelle.

vait une partie de ſa renommée. De retour en Scythie, ſon frere le tua, dit-on, d'un coup de fléche dans une partie de chaſſe, d'autres prétendent qu'il fut aſſaſſiné dans un ſacrifice.

Anacharſis avait cette noble fiérté, qu'inſpire le ſentiment ſecret de ſa ſupériorité. Un Athénien lui reprochant un jour de ce qu'il était Scythe d'origine; *Oui*, dit-il, *mais je fais honneur à ma Patrie, & tu fais honte à la tienne.* Anacharſis ne diſputait pas, ne faiſait point myſtere de ſon ſçavoir, ne raſſemblait point des proſélytes de ſa doctrine, & il ne laiſſa point de Secte.

ANAXAGORE. — Nous avons donné, dans le cours de cette Hiſtoire (*a*), la vie publique de ce ſage qui fut l'inſtituteur & l'ami de Périclès, & qui devenu dans la ſuite odieux à la confédération des Prêtres d'Athenes, paya de l'exil la

(*a*) Voy. *Hiſt. de la Gréce*, Tom. V. p. 312.

gloire d'avoir été plus éclairé que ses persécuteurs.

Anaxagore était sorti de l'école d'Anaximène, mais il alla plus loin que son maître : aussi les plus grands hommes de son siécle, Périclès, Euripide, Themistocle & Socrate, regarderent sa maison comme un foyer de lumières. Sa morale était saine, parce qu'elle était fondée sur l'unité d'un Dieu, & sur l'harmonie des loix sociales ; pour sa physique c'était celle de son siécle ; il croyait la terre plane, les étoiles formées de quartiers de montagnes arrachées à notre globe, & le soleil une masse enflammée de la grosseur du Péloponèse.

Anaxagore, né à Clazomene, vécut trente ans à Athenes, & dans sa veillesse se retira à Lampsaque, où il se laissa mourir de faim.

Anaxarque. — Nous avons flétri ce Sophiste dans la vie d'Alexandre, pour avoir justifié l'assassinat de Clitus, en disant que tout ce que faisaient les

Rois était légitime; il eut un démêlé avec Nicocréon, Viceroi de Chypre, & plein de son ressentiment, un jour que le héros de Macédoine lui demandait à table ce qu'il pensait de la magnificence du repas, *Seigneur*, dit-il, *tout en est admirable, il ne manque sur le premier plat, que la tête d'un de vos Satrapes*, & en prononçant ces dernier mots, il jetta un regard de fureur sur Nicocréon. Celui-ci n'oublia pas un pareil outrage, & quelques années après le sophiste ayant été obligé par une tempête de relâcher dans l'isle de Chypre, il le fit piler vif dans un mortier, avec des marteaux d'airain. Cet abominable supplice releva un peu le courage de l'adulateur d'Alexandre. Aux premiers coups, il regarda Nicocréon avec fierté: *Tyran*, lui dit-il, *tourmente à ton gré l'enveloppe d'Anaxarque, mais Anaxarque, lui-même, n'est pas en ton pouvoir.* L'Histoire garde le silence le plus absolu sur les ouvrages de la victime de Nicocréon.

ANAXIMANDRE. — Il n'aquit à Milet & fut disciple de Thalès, fondateur de la secte Ionique. On lui attribue une Cosmogonie très-étrange. L'Infini, dit-il, est le principe & le terme de tout. Le foyer de cet infini est la terre, organisée dans la forme d'un cylindre, dont la hauteur n'est que le tiers du diamétre. Son atmosphère se rompit au temps de sa premiere fécondation, & ses débris formerent le soleil, la lune & les étoiles.

Une des opinions les plus bizarres d'Anaximandre, est d'avoir cru que l'homme fut originairement un poisson; on sçait le parti que le Consul d'Egypte, Maillet, a tiré de nos jours, de cette rêverie, dans un ouvrage très-hardi qu'il a dédié a Fontenelle.

La vraie gloire d'Anaximandre est d'avoir tracé le premier des cartes géographiques & des cadrans solaires. On a même dit qu'il fit la découverte de l'obliquité de l'écliptique ; mais c'eſt une erreur, puiſque Thalès ſon maître, avait appris de l'Orient l'art de calculer les éclipſes.

Anaximéne. — Il naquit à Milet & fut le concitoyen, l'éleve & l'ami intime d'Anaximandre. L'infini dans ſon ſiſtême, eſt l'air, & cet air eſt Dieu. Son aſtromonie fut encore plus erronée que celle de ſon maître. Il faiſait de la terre le centre de l'univers ; le ciel, à l'en croire, n'était qu'une voute de cryſtal, où l'infini diviniſé avait cloué les étoiles. Le ſoleil avait la forme d'une grande roue pleine de feu, qui laiſſait échapper la lumiere, par une de ſes ouvertures ; & quand cette ouverture ſe fermait, il y avait une éclipſe.

Antisthène. — Ce Patriarche du Cyniſme, commença par être l'éleve de Socrate, & comme il demeurait au Pyrée, il faiſait tous les jours quarante ſtades, pour venir entendre le plus grand des Philisophes; on s'appercevait dès lors de son dédain pour tous les usages reçus, dédain qu'il convertit dans la suite en sistême. Un jour que ce sophiste jaloux de faire parade de son indigence, avait déchiré son manteau & montrait l'ouverture à tout le monde, *je vois au travers*, lui dit Socrate, *non ta pauvreté*, *mais ton orgueil.* Cette leçon ne corrigea point Antisthène, qui aimait mieux avoir tort tout seul, que d'avoir raison avec Athenes & Socrate.

Il y avait non loin des murs d'Athenes, une éminence voisine d'un petit temple d'Hercule, qu'on connaissait sous le nom de Cynosarge. Ce nom venait de la superstition d'un citoyen qui, allarmé de ce qu'un chien avait mangé les entrailles de ses victimes, avait cherché à expier le prétendu crime, par l'élévation de ce monument religieux; c'est-là qu'Antistène, la barbe négligée, un bâton à la main & chargé d'une besace, donna ses premieres leçons de philosophie. Il avait la figure, & on lui donnait le nom de ce fameux satyre Marsias, dont il nous reste une belle statue, qu'on croit du siécle d'Alexandre.

On se doute bien que l'homme qui par état frondait toutes les opinions reçues, voyait la superstition avec des yeux très-philosophiques : il se fit cependant initier aux mysteres d'Orphée. Mais lorsque l'Hyérophante dans ses formules d'expiations, vint à vanter avec emphase le bonheur dont jouissaient après la mort ceux à qui les mysteres Orphiques avaient été révélés, *insensé*, s'écria-t-il, *meurs donc pour justifier ta doctrine.*

Antisthène par les principes qu'il avait puisés à l'école de Socrate, était ennemi du suicide, & il le montra bien dans sa dernière maladie : il se plaignait devant Diogene le Cynique, des maux cruels dont il ressentait l'atteinte, *qui me délivrera*, s'écria-t-il, *de cette carrière de douleurs.* — *Ce poignard*, lui dit Diogene, — *Je parle de mes douleurs*, répond le Philosophe expirant, & *non de ma vie.*

Antisthène laissa plus de soixante traités sur toutes sortes de sujets, que ses disciples renfermerent en dix volumes; la liste complette nous en a été transmise par Diogene-Laërce; mais les ouvrages mêmes ne nous sont pas parvenus.

ARCÉSILAS. — Ce Philosophe né dans l'Eolie, fonda ce qu'on appellait dans Athenes, la moyenne Académie: car la premiere fut établie par Platon. Le doute universel était le fondement de sa doctrine, aussi il soutenait au gré de ses auditeurs, le pour & le contre, & quand on l'avait entendu pendant une journée entière, on s'en retournait, admirant le Sophiste, mais tout étonné de n'être instruit de rien.

Arcéſilas était à la fois, Poëte & Sophiſte : il avait été entraîné à la Poëſie, par la lecture d'Homère; auſſi par reconnaiſſance pour le plaiſir que ce beau genie lui avait procuré, il ne ſe couchait jamais, qu'après avoir revu un chant de l'Iliade, le matin il diſait *allons revoir notre ami*, & il reprenait ſa lecture.

Arcéſilas ferme dans ſes principes qu'il fallait douter de tout, n'ayant rien de certain à apprendre à ſon ſiécle, ne publia aucun ouvrage ni en proſe ni en vers. Il mourut, dit-on, des ſuites de l'yvreſſe, dans un âge très-avancé. Il fleuriſſait vers la cent-vingtiéme Olympiade, c'eſt-à-dire environ vingt-cinq ans après la mort d'Alexandre.

Archimede. — Ce grand homme qui ne fut d'aucune ſecte, mais qui fit ſervir ſon génie & ſes lumieres à la défenſe de ſa patrie, méritait un chapitre particulier dans l'Hiſtoire de la

Gréce, & nous l'avons inséré à la tête du siége mémorable de Syracuse (a).

ARCHITAS. — Ce Philosophe éleve de Pythagore, se fit dans Tarente l'apôtre du hazard : à force de rêver dans son cabinet sur l'origine des choses, il avait trouvé que l'univers pouvait être le produit des nombres : les élémens de la matière dans cette hypothèse peuvent se combiner à l'infini, & le monde que nous voyons est l'effet d'une de ces combinaisons.

Architas qui faisait dériver l'harmonie des êtres d'un coup de dez, ne voyait pas que l'instant suivant, une nouvelle combinaison du hazard pouvait détruire les mondes déjà formés; il y a l'infini contre un à parier, d'abord que le hazard ne produit pas l'ordre, & ensuite que ce n'est pas lui qui le conserve.

(a) Tom. VII. pag. 1.--15 & 49, car la vie d'Archimede occupe trois chapitres.

Cet Architas était le premier mathématicien de son siécle : il fit, dit-on, un pigeon volant ; Archimède qui dans la suite le prit pour modèle & le fit oublier, inventa des machines un peu plus utiles à sa patrie, sans être moins curieuses.

Il est très-extraordinaire au reste que ce physicien, qui était bien convaincu que son pigeon volant n'était point l'effet de la combinaison aveugle des éléments de la matière, attribuât à cette cause l'origine de l'univers.

Aristippe. — Il naquit à Cyrene, ville de la Libye, & fut le contemporain & l'éleve de Socrate. Nous avons remarqué qu'il fut le premier des disciples de ce grand homme, qui osa vendre à prix d'argent, la raison & la vertu. Une année où ses leçons lui avaient rapporté une grande somme, il en fit passer une partie à son maître, qui la lui renvoya avec une sorte d'indignation. Le lendemain ce dernier rencontra le sophiste : *d'où te vient donc*, lui dit-il, *cette subite opulence?* — *De cet art de raisonner*, répond Aristippe, *d'où te vient ta pauvreté.*

Aristippe était un homme sans caractère, qui à la cour de Denys, faisait l'apologie des Tyrans, & au portique d'Athenes, l'éloge des Harmodius & des Aristogiton ; mais il changeait ainsi de rôle d'une maniere si ingénue que personne n'en était blessé; aussi disait-on par-tout *qu'il n'y avait qu'un Aristippe dans la Gréce, pour s'habiller le matin de pourpre, & le soir de haillons.*

Cet homme sans caractère devait craindre la mort comme l'être le plus pusillanime : aussi, au milieu d'une tempête, le trouble de son ame se peignait singuliérement sur son visage. Dans un trajet d'Athenes à Corynthe, un homme du peuple frappé des terreurs d'Aristippe, ne put s'empêcher de s'écrier, *d'où vient donc que nous qui ne sçavons rien, nous ſommes tranquilles, tandis que ce Philoſophe tremble?* Ce trait rendit Ariſtippe à ſa gaieté, *mon ami*, répondit-il, *c'eſt que le danger n'eſt pas égal entre nous; la vie de l'homme du peuple ne vaut pas celle du Philoſophe.*

On cite un grand nombre de mots d'Ariſtipe, dont quelques-uns ſont très-heureux; un Athénien était venu lui préſenter ſon fils pour en faire un Philoſophe, & celui-ci lui avait demandé ſix-cens drachmes pour ſes honoraires. — *Que dites-vous? j'aurais un eſclave à ce prix.* — *Tu as raiſon, mon ami, hâte-toi d'en acheter un, & tu en auras deux.*

Ariſtippe était très-lié avec la trop fameuſe Lays, & un homme de mœurs ſévères lui en faiſait des reproches: *il eſt vrai que je poſſede cette Courtiſanne*, dit-il, *mais cette Courtiſanne ne me poſſéde pas.*

Quand la tête d'Ariſtippe fut un peu mûrie par les années, il compoſa divers ouvrages dont nous avons feulement les titres. La plupart avaient une Dédicace, mais à des Mécenes, bien peu faits pour fe rapprocher ; à Lays & à Porus, à Denys le tyran, & à Socrate.

Ariftippe fonda la fecte Cyrenaïque qui déraifonna en Phyfique, comme les autres écoles grecques, mais qui conferva la morale dans toute fon intégrité. Il eft auffi le premier qui ait bien parlé fur les fens. Il difait que cet organe de l'homme ne fe trompe que par les jugements qu'il joint à fes fenfations. Vérité que Loke a, de nos jours, porté à fon dernier dégré d'évidence. La fecte d'Ariftippe dura un fiécle, & c'était beaucoup pour des fiftêmes mal liés enfemble, où il y avait tant d'erreurs & fi peu de vérités.

Aristote. — Cet homme fi juftement célébre, naquit à Stagyre, & fut l'inftituteur d'Alexandre. Nous avons parlé de ſa vie publique, dans le cours de l'Hiſtoire du héros de Macédoine, & il nous reſte peu de traits à y ajouter; on a obſervé que pendant la haute faveur dont il jouit, il fut toujours utile à ceux pour qui il put l'être, ſans compromettre ſon honneur. Sa patrie ſe reſſentit auſſi de ſa faveur; comme elle avait été ruinée pendant les guerres de la Gréce, il obtint qu'on la rétablit, & il lui donna des loix.

Ariſtote fit contracter à Alexandre le goût des Arts, qui ſemble d'abord ſi peu fait pour s'allier avec la gloire tumultueuſe des conquêtes, & comme le Philoſophe travaillait alors à l'hiſtoire des animaux, ſon éleve généreux conſacra huit-cents talens (plus de quatre millions trois-cens mille livres de notre monnaie) aux frais de cette vaſte entrepriſe.

Alexandre ennyvré de l'encens de l'Aſie, couvert du ſang de ſes amis, voulut ſe faire adorer par les enfans des malheureux qu'il avait aſſaſſinés. Ariſtote n'attendit pas ce période de dépravation dans les mœurs du Conquérant, pour quitter ſa cour, & il ceſſa même toute correſpondance avec lui, du moment qu'il eut ordonné le ſupplice de Calliſthènes.

Ariſtote libre au ſein d'Athenes, enſeigna dans le Lycée avec un ſuccès qui éveilla l'envie; auſſi, après la mort d'Alexandre, les Prêtres qu'on avait eu l'art de mettre en jeu, l'accuſerent d'impiété, & il fut obligé de ſe retirer à Chalcis, voulant ſauver à Athenes les remords d'un ſecond ſupplice de Socrate.

On a prétendu que ce Philoſophe s'était tué de chagrin, de n'avoir pu comprendre la cauſe du flux & du reflux, & qu'il avait dit en ſe précipitant dans la mer : *puiſque je ne puis comprendre l'Euripe, que l'Euripe m'engloutiſſe.* Le mot à cauſe du double ſens du terme *comprendre*, n'a de ſel que dans la langue originale ; mais ce ſel même prouve qu'il n'a pas été prononcé, car on ne ſe noye pas en faiſant des épigrammes.

Quoi qu'il en ſoit, Ariſtote mourut dans la ſoixante-troiſiéme année de ſon âge, & ſon corps fut transferé à Stagyre, où, peu contents de lui dreſſer un Mauſolée, ſes Concitoyens firent ſon apothéoſe.

Les ouvrages de cet homme célébre ont eu la deſtinée la plus ſingulière ; tour-à-tour brûlés & mis ſur l'Autel, & ne méritant cependant ni l'un ni l'autre, aujourd'hui que le fanatiſme ſe tait, & que la raiſon admirant moins, juge mieux, on les met à leur place.

Ariſtote avait, comme tous les grands Philoſophes de l'antiquité, une doctrine publique & une doctrine ſecrette. Ceux de ſes ouvrages où il a pu parler ſans myſtère, portent l'empreinte de ſon génie. Tels ſont ſa Poëtique &

ſa Rhétorique, qui ſemblent avoir été adoptées comme des Codes de bon goût, par les ſiécles d'Auguſte & de Louis XIV.

Sa morale eſt très-pure; cependant on le voit de temps en temps s'égarer dans des diſcuſſions métaphyſiques, au lieu d'échauffer l'âme de ſes lecteurs; il ne dit jamais que la moitié de ce qu'il veut dire, parce qu'il ne veut point être entendu des perſonnes que la lumière pourrait bleſſer, & qu'il craint les chaînes d'Anaxagore & le ſupplice de Socrate.

Il y a encore moins de clarté dans ſa logique: il s'étend trop ſur le méchaniſme du raiſonnement, & n'analyſe pas aſſez l'intelligence qui raiſonne; ſes catégories, ſes univerſaux ſes dégrés de métaphyſiques, ont fait la plus grande fortune dans les ſiécles du demi-ſçavoir, où l'eſprit conſiſtait à deviner des énigmes; mais depuis que nous liſons Locke, il n'eſt plus permis même de les citer.

La phyſique d'Ariſtote, eſt très-défectueuſe, parce qu'il ne nous a gueres transſmis que les erreurs de ſon tems, parce qu'il a mieux aimé deviner la nature que de l'obſerver, parce qu'il n'a point lié les faits par ce fil méthodique, qui ſeul peut les claſſer dans la mémoire.

L'Hiſtoire des animaux eſt le ſeul ouvrage phyſique d'Ariſtote, qui puiſſe laiſſer à la poſtérité une grande idée de ſon génie. Au reſte il avait ſur cette partie de l'Hiſtoire naturelle d'immenſes matériaux ; grace aux quatre millions qu'Alexandre dépenſa pour faciliter ſes recherches, il moiſſonnait où ſes prédéceſſeurs n'avaient fait que glaner. Cette hiſtoire des animaux, dépôt précieux de tout ce que les Grecs connaiſſaient en ce genre, & de tout ce qu'Ariſtote avait ajouté à la maſſe des idées reçues, a pu faire naître à Pline l'ancien, l'idée de ſon Encyclopédie.

En général les Ouvrages d'Ariſtote ſont un chef-d'œuvre de ſagacité dans les matieres de goût, & d'érudition dans les matieres ſçavantes. Mais l'obſcurité, ſur-tout des derniers, circonſcrira toujours les progrès de leur renommée. L'inſtituteur d'Alexandre eſt d'autant plus énigmatique, qu'il cherchait exprès à l'être, pour flatter la vanité puérile de ſon éleve : auſſi quand le jeune héros lui reprocha d'avoir publié des livres qui renfermaient des myſtères, où lui ſeul devait être initié, il répondit que cette publication n'était point faite pour propager ſa doctrine ſecrette, parce que ſes livres ne pouvaient être entendus que de ceux à qui il en communiquerait l'intelligence.

On regrette auſſi qu'un génie auſſi beau, n'ait pas rendu aſſez de juſtice aux hommes célébres de ſa Nation, ſur-tout à Platon dont il fut le Diſciple pendant vingt ans, & qu'il critiqua avec une forte d'amertume. On dirait que jaloux de concentrer en lui toutes les gloires littéraires, comme Alexandre, son éleve, de conquérir tous les mondes, il ait voulu composer sa renommée de toutes les renommées, & envahir ainsi, moitié avec du génie, moitié avec du machiavélisme, la Monarchie universelle.

Bias. — Ce sage de la Gréce, était né à Priéne, il donna des loix à sa patrie & la sauva du joug d'Alyatte, Roi de Lydie. Sa mort fut aussi douce que l'avait été sa vie. Parvenu à une vieillesse fort avancée, il plaidait une cause devant les premiers Magistrats de Priéne; sa harangue achevée, il appuya sa tête, pour se reposer, sur le sein de son petit-fils. Les Juges prononcèrent en sa faveur; mais lorsque l'assemblée se sépara, le sage ne fit aucun mouvement, son petit-fils voulut soulever sa tête de dessus son sein, mais il le trouva mort dans cette douce attitude.

Bias avait composé deux mille vers philosophiques, sur les moyens de rendre l'Ionie heureuse. Il aimait la religion de son pays, mais épurée à la manière de Socrate. Un jour qu'il faisait un trajet de mer, avec des Athées, il fut surpris d'une tempête & vit ces impies, cédant à la terreur, invoquer les Dieux : *taisez-vous*, leur dit-il, *de crainte que ces Dieux que vous invoquez, ne s'apperçoivent que vous êtes dans ce vaisseau.*

Bion. — Il ne faut pas le confondre avec le poëte Bion dont les idylles charmantes sont si célébres & si peu lues ; ce fut un athée sans principes ; on peut juger de lui, par une épigramme de Diogène-Laërce.

» On dit que le scythe Bion, nia
» l'existence des Dieux ; mais atteint
» d'une maladie dangéreuse, & trem-
» blant à l'approche de la mort, on

» vit l'audacieux qui n'avait jamais » regardé les Temples qu'avec dédain, » rougir les autels du ſang des victi- » mes, croire aux enchantemens d'une » magicienne, laiſſer ſuſpendre à ſon » col de frivoles amulettes ; inſenſé » qui penſe que les Dieux s'achetent, » comme s'il n'y en avait, que quand » il plaît à Bion de les croire (*a*).

CALLISTHÈNE. — Ce Philoſophe dont la vie publique & le ſupplice ont trouvé leur place à l'hiſtoire d'Alexandre, naquit à Olynthe, ville de la Thrace ; il travailla à la réviſion des ouvrages d'Homere, pour la fameuſe édition de la Caſſette. Il compoſa auſſi une hiſtoire de la guerre de Troye, une autre des guerres d'Alexandre & des Annales de la Gréce, depuis la

(*a*) Diog. Laërt. *Vit. Biant.* — Voilà dans le nombre immenſe de vers qu'a fait cet hiſtorien des Philoſophes, les ſeuls qui méritent peut-être d'être conſervés ; encore a-t-il fallu les réduire.

paix

paix d'Artaxerxe, jusqu'à la derniere année de la cent-cinquiéme Olympiade. Tout ces ouvrages sont perdus, & les écrivains de la moyenne antiquité les regrettaient : cet écrivain devait sur-tout sa renommée à des livres philosophiques, tels qu'un *Périple*, dépôt des découvertes géographiques de son temps, un traité *de la nature de l'œil*, qui supposait de grandes connaissances d'anatomie, & le fameux Recueil d'*Observations Chaldéennes*, renfermant un intervalle de dix-neuf siécles, & base d'une Ere astronomique, connue sous le nom d'*Ere de Callisthène*.

Carnéade. — Il naquit à Cyrene, & fonda la nouvelle Académie, fondée comme la moyenne sur le doute universel d'Arcésilas. Sa morale était en général celle de Socrate, « Si l'on » sçavait, dit-il, que son ennemi le » plus acharné, vint s'asseoir sur un » tapis de verdure où il y aurait un » aspic caché, il faudrait l'en avertir

» pour n'être point, aux yeux du ſage, » coupable d'homicide.

Carnéade fut envoyé en Ambaſſade à Rome, & mourut à l'âge de 85 ans, la quatriéme année de la cent ſoixante-dixiéme Olympiade. Ce jour là il y eut une éclipſe de lune, *comme ſi*, dit le crédule Diogène, *le plus bel aſtre du firmament après le ſoleil, prenait part à la mort de ce Philoſophe !*

CHILON. — Ce ſage de la Gréce, était de Lacédémone, & fut revêtu de la dignité d'Ephore, qui le rendait le Cenſeur des Rois; on le dit le contemporain & l'ami d'Eſope; il mit, ſuivant l'uſage de ſon temps, ſa philoſophie en vers, ce qui eut été un moyen de la tranſmettre à la poſtérité, ſi ſon auteur avait eu du génie. On croit qu'il mourut de joie en embraſſant ſon fils, qui venait de remporter le prix de Ceſte aux jeux Olympiques.

CHRYSIPPE. — Il naquit en Cilicie

& composa, dit-on, trois-cents ouvrages, où il mania avec beaucoup de subtilité les armes de la dialectique; on est assez étonné de l'éloge magnifique que Séneque fait de ce Philosophe, quand on sçait qu'il se permit des écrits très-obscènes, entr'autres un poëme de six-cents vers, sur les jouissances amoureuses de Jupiter, que Tibère seul pouvait lire dans son serrail de Caprée. Chrysippe mourut, dit-on, à force de rire, pour avoir vu un âne manger ses figues dans son office; sa mort tombe dans la cent-quarante-troisiéme Olympiade.

CLÉANTHE. — Ce disciple de Zenon, né, dans la Troade, de parents réduits à la derniere indigence, n'avait que quatre drachmes (un peu moins d'un écu) quand il vint se faire un nom dans Athenes; ne pouvant acheter du papier, il écrivait sur des crânes & des os de morts, les préceptes de l'école qu'il fréquentait. Le Gouvernement vint à ſon ſecours & lui offrit une ſomme d'argent; mais Zénon qui ne croyait pas que la philoſophie dût abandonner les livrées de la pauvreté, lui défendit de l'accepter. Diogène cite de Cléanthe un grand nombre de traités philoſophiques, dont les Stoïciens faiſaient l'éloge, ce qui ne les a pas ſauvés de l'oubli. Leur Auteur, pour ne pas ſouffrir trop longtemps d'un abſcès qui s'était formé dans ſes gencives, ſe laiſſa mourir de faim.

CLÉOBULE. — Ce ſage de la Gréce, né à Linde, faiſait remonter ſon origine à Hercule. On prétend qu'il rebâtit un Temple de Minerve qui avait été conſtruit par Danaüs. Du reſte il ne joua aucun rôle dans les affaires politiques de la Gréce. Il ne fonda aucune ſecte de Philóſophes. S'il fallait s'en tenir à la tradition recueillie par Diogène-Laërce, on l'aurait mis au nombre des ſept Sages, pour avoir imaginé quelques Sentences très-communes &

avoir rassemblé péniblement des énigmes.

CRANTOR. — Ce Philosophe né en Cilicie, fit un ouvrage moral *sur la Consolation*, que Cicéron appellait un livre d'or, & trente mille versets de Commentaires. Sa grande célébrité vient d'avoir eu pour disciple Arcésilas, le fondateur de la moyenne Académie.

CRATÈS. — Ce Cynique naquit à Thebes, & fut le contemporain d'Alexandre. Du moment qu'il fut initié dans la doctrine de Diogène, il vendit son patrimoine, & en déposa le prix qui montait à deux-cents talents, chez un homme public, avec ordre de le rendre à ses enfants, s'ils étaient tout-à-fait sans génie, ou de le distribuer aux pauvres familles de Thebes, s'ils devenaient Philosophes.

On dit qu'il épousa Hiparchie, sœur de l'Orateur Métrocle; &, que pour prouver que l'homme qui a secoué tout préjugé, ne doit rougir de rien, il choisit le Portique pour consommer publiquement son mariage.

On ne se douterait pas que cet infracteur des mœurs publiques, fut le maître de Zénon, le chef des Stoïciens & un des hommes qui par son génie & sa vertu, a le plus approché de l'immortel Socrate.

CRITIAS. — Le pays de la terre où on a le plus raisonné, doit être celui où on a le plus déraisonné; la sphère des connaissances métaphysiques est si bornée ! on dit d'abord ce qui est vrai, ensuite on hasarde ce qui n'est que vraisemblable, & on finit par n'écrire que ce qui est extraordinaire.

Un des premiers athées célèbres que je rencontre dans la Gréce, fut à la fois un athée de cour & un athée de cabinet : il s'agit de Critias un des trente tyrans d'Athènes, l'assassin de l'orateur Théramene & du guerrier Alcibiade : Sextus Empiricus nous a conservé un fragment des poésies de ce ſophiſte qui renferme ſon ſiſtême d'athéiſme ; il y ſuppoſe que les loix religieuſes n'ont d'autre origine qu'une pieuſe fiction, & que les premiers légiſlateurs ne trouvant dans leurs inſtitutions aucun frein contre les crimes ſecrets, inventèrent Dieu, & imaginèrent la Providence (*a*).

On pouvait répondre à Critias que Dieu ne fut pas inventé pour prévenir les crimes ſecrets, mais que l'impunité des crimes ſecrets ſur la terre, démontre l'exiſtence de Dieu.

On pouvait ajouter qu'en admettant même cette affreuſe hypotèſe, Critias qui découvrait aux peuples l'heureuſe impoſture des légiſlateurs, ouvrait la porte à tous les crimes, dont l'impunité pouvait ſe preſſentir, & devenait par-là coupable du crime affreux de lèſe-ſociété.

Au reſte ce Critias n'avait pas aſſez

(*a*) Voy. Sextus. Empir. *adverſ. mathematicos.*

de génie pour fonder une ſecte ; Proclus diſait que s'il paſſait pour un Philoſophe parmi les ignorants, il paſſait auſſi pour un ignorant parmi les Philoſophes (*a*).

DEMOCRITE. — Ce philoſophe, dont le ridicule, qui conſiſtait à rire de l'eſpéce humaine, a été joué ſur nos théâtres, naquit à Abdere dans la Thrace. Il conſacra cent talents qui étaient ſon patrimoine, à voyager. A ſon retour, les Magiſtrats de ſa patrie le citèrent devant eux, pour avoir diſſipé tout ſon bien, & ils allaient le condamner à la peine uſitée pour un pareil délit, c'eſt-à-dire à être déchu du privilége d'être inhumé dans le tombeau de ſes peres, lorſque pour juſtifier le noble emploi qu'il avait fait de ſon temps & de ſes richeſſes, il leur lut le plus parfait de ſes ouvra-

(*a*) Voyez ſon commentaire ſur le *Timée* de Platon.

ges. Cette apologie d'une eſpéce toute neuve fit le plus grand effet. On rendit à l'accuſé du tréſor public, les cent talens qu'il avait dépenſés pour ſes voyages; on lui érigea une ſtatue, & on ordonna qu'après ſa mort la Ville qu'il avait illuſtrée, prendrait ſoin de ſes funérailles.

C'eſt Démocrite qui diſait que la vérité était cachée au fond d'un puits; c'était probablement pour la chercher qu'il paſſait ſa vie dans les lieux ſouterreins & dans les aſiles lugubres des tombeaux. Je ſerais tenté de croire auſſi que voilà l'origine de la fable ſi répandue, que ce Philoſophe ſe créva lui-même les yeux, pour n'être point diſtrait, dans ſes ſpéculations ſublimes ſur l'origine des êtres. Les Abdérites, qui ne pouvaient s'imaginer que leur concitoyen s'enſevelit ainſi tout vivant, pour prendre la nature ſur le fait, crurent ſon cerveau dérangé & engagerent Hippocrate à venir dans leur ville pour le guérir. L'illuſtre Médecin ſe rendit en effet auprès de Démocrite, ſe fit, comme Socrate, la ſage-femme de ſes penſées, & ſortit de l'entretien, convaincu que s'il y avait des malades à guérir dans Abdére, ce n'étaient que les ignorants qui ne croyaient pas au bon ſens des Philoſophes.

Démocrite imagina le premier le fameux ſiſtême des Atômes, qui depuis fit tant d'honneur à Epicure & à Lucrèce ; Platon ne l'aimait point ; il aurait brûlé ſes ouvrages, s'il avait pu eſpérer par-là de les anéantir ; on a même remarqué que ce beau génie qui a parlé de tous les Philoſophes de l'antiquité, n'a jamais cité celui-ci, même lorſque l'ordre des matières qu'il traitait l'engageait à le réfuter.

DIAGORAS, un des plus fougueux blaſphémateurs de la Divinité, avait épouſé dans ſa jeuneſſe toutes les ſuperſtitions ſacerdotales de ſon pays ;

la vanité en fit un athée; il avait composé un poëme qu'on lui déroba; il poursuivit l'ennemi de sa gloire devant les tribunaux; celui-ci fit serment que le poëme lui appartenait & fut cru; Diagoras voyant le succès de cette imposture, conclut que la Providence était un être de raison, enseigna qu'il n'y avait de Dieu que l'aveugle fatalité, & fit des livres pour le prouver.

On voit que la logique de Diagoras était celle d'un homme en délire; c'est au contraire parce que le crime tiomphe sur ce point de l'espace, qu'il doit avoir ailleurs son supplice; c'est parce que l'ordre moral est sans cesse troublé par l'homme, qu'il faut un Dieu pour le rétablir.

Ce sophiste fut l'athée le plus déterminé qui eût encore paru dans la Gréce; il n'employa aucun artifice pour pallier ses dogmes destructeurs: il ne dit pas je *doute qu'il y ait un Dieu*:

il dit : *un Dieu eſt un être impoſſible.*

Avec de pareils principes, il s'effrayait peu des objections vulgaires du théiſme : ſe trouvant un jour ſur une flotte Grecque au milieu d'un violent orage, il entendit les matelots ſe dire entr'eux, qu'ils avaient bien mérité la colère du ciel, en ſe chargeant du plus effréné des impies; *Voyez*, leur dit Diagoras, *le reſte de la flotte que tourmente la mer & les vents : croyez-vous que chacun de ces navires porte un Diagoras* (*a*)?

L'Aréopage inſtruit du trouble que répandait dans la ſociété le dogme affreux de Diagoras, mit ſa tête à prix; on promit un talent à ſon aſſaſſin, & deux à celui qui l'amenerait vivant à Athenes (*b*); le décret de proſcri-

(*a*) Cicer. *De naturâ Deorum.* Lib. 3. Cap. 37.

(*b*) Cic. *De naturâ Deorum.* Lib. V. & Schol d'Ariſtoph. *in avibus.*

ption fut gravé sur une colonne d'airain ; mais un pareil éclat tendait plus à flétrir la doctrine de l'athéisme, qu'à exterminer la race nécessairement peu nombreuse des athées ; les Grecs tolérants par sentiment & par sistême détesterent les livres de Diagoras, & l'auteur mourut dans son lit.

Un phénomène très-extraordinaire dans l'histoire de ce célébre athée, c'est qu'il fut le législateur de Mantinée, & que ses institutions eurent la sagesse de celles des Minos & des Solon ; les Grecs d'autant plus justes qu'ils étaient plus éclairés, surent distinguer le code de Diagoras de ses livres ; ils flétrirent en lui le sophiste, & ils élevèrent des statues au législateur.

Diogene. — Ce fameux Cynique, était de Sinope. Il s'annonça assez mal dans les fastes de la Philosophie : car à peine sorti de l'adolescence, il se fit bannir de sa patrie, pour le crime de fauſſe monnaie. Ce fut Antiſthène, un des diſciples de Socrate, qui le ramena à la vertu; d'abord cet Antiſthène ne voulait point, par égard pour les mœurs publiques, recevoir un homme flétri, dans ſon école, & offenſé de ſes inſtances, il le repouſſait avec ſon bâton, *frappe*, lui dit Diogene, *mais rends-moi Philoſophe.*

Nous avons vu qu'Antiſthène avait outré le déſintéreſſement & la noble pauvreté de Socrate. Diogene à ſon tour outra les extravagances vertueuſes d'Antiſthène : il couchait dans un tonneau qu'il promenait devant lui, n'ayant d'autres propriétés qu'un bâton, une beſace & une écuelle; encore ayant apperçu un enfant qui buvait dans le creux de ſa main: *j'ai donc encore*, dit-il, *un meuble ſuperflu*, & il briſa ſon écuelle.

L'habitant de ce tonneau philoſophique, fut viſité, comme nous l'avons déjà vu, par le vainqueur de Darius, qui *s'il n'avait pas été Alexandre, aurait voulu être Diogene.*

La plupart des mots de ce fameux Cynique, ſont dans la bouche de tout le monde. On ſçait qu'un jour il ſe promena en plein midi dans Athènes, avec une lanterne à la main, & que quand on lui demanda ce qu'il cherchait, il répondit : *un homme.*

On ſçait que dans un voyage à Egine, ayant été pris par des Pirates, il fut expoſé en vente en qualité d'eſclave, & que quand on lui demanda ce qu'il ſçavait faire, il répondit, *je ſçais commander.* Le Corinthien Demiade qui ſe trouvait là, fut frappé de ce trait de fierté, il était venu acheter un eſclave, & il acheta un maître.

Cette fierté de Diogene lui attirait au reſte quelquefois des épigrammes, de la part des Philoſophes qu'il cherchait à humilier. Etant un jour allé chez Platon, qui étalait la magnificence d'un Souverain, il s'étendit ſans ménagement ſur un tapis ſuperbe, en diſant : *je foule aux pieds l'orgueil de Platon*, — oui lui répondit Platon, *mais avec plus d'orgueil encore.*

On trouva Diogene ſans vie, enveloppé dans ſon manteau ; il était alors âgé de quatre-vingt dix ans, & ſa mort tomba le même jour que celle d'Alexandre. Corynthe lui éleva un monument, ſur lequel on plaça un chien du plus beau marbre de Paros. Le chien eſt le ſymbole de ſa ſecte. Une tradition incertaine attribue à Diogene divers Dialogues philoſophiques & ſept Tragédies.

EMPEDOCLE. — Il naquit à Agrigente une des Métropoles de la Sicile, & adopta les principes de l'école de Pythagore. Sa patrie perſuadée de ſes lumieres, lui déféra le pouvoir des légiſlateurs, & il en profita pour ſubſtituer à la tyrannie des Nobles, une pure Ariſtocratie.

Empedocle était le plus vain des hommes ; une tradition (vague il est vrai) veut que parvenu à un âge avancé & désirant de passer, aux yeux de ses concitoyens, pour une intelligence supérieure, il alla se précipiter dans les gouffres du mont Etna, pour laisser croire qu'il avait été enlevé au ciel, d'où il tirait son origine. Malheureusement une chaussure travaillée avec de l'airain, qu'il avait coutume de porter, & que le volcan vomit dans une de ses éruptions, trahit le néant de son apothéose.

Ce Philosophe infatué du sistême de la métempsycose, affirmait qu'il avait été autrefois fille, garçon, arbuste & oiseau. On avait de lui, au temps de Diogène, cinq-cents vers philosophiques sur la Nature, six-cents sur la Médecine, & quelques Tragédies.

EPICURE. — Cet homme célébre né dans l'Attique, environ trois siécles & demi avant l'Ere vulgaire, est un de ceux que la calomnie a le plus pourſuivi, ſoit de ſon vivant, ſoit au-delà de la tombe. Il mena la vie la plus réglée, & on l'accuſa des plus grands attentats contre les mœurs; il prouva l'exiſtence d'un être ſuprême, & on le flétrit du ſoupçon d'athéiſme. Il eſt probable au reſte que la poſtérité n'aurait pas été trompée ſi long-temps, ſi les trois-cents ouvrages qu'on attribue à ce Philoſophe, n'avaient pas été anéantis. C'eſt au vertueux Gaſſendi que la raiſon doit, ſi une erreur auſſi cruelle ne s'eſt pas propagée au-delà du dix-ſeptiéme ſiécle.

Lorſqu'Epicure parut, il trouva toutes les ſectes de la Gréce diviſées entr'elles, mais réunies pour déclamer contre le Plaiſir. Chaque ſectaire affichait l'abnégation de ſoi-même, faiſait divorce avec la nature, & devait à ſa morgue philoſophique, l'aſcendant qu'il prenait ſur l'eſprit de la multitude. Le nouveau Sage vint détruire toutes les opinions reçues, il fit l'apologie du plaiſir, alors l'attention publique ſe fixa ſur lui; l'homme de bien s'étonna, l'homme corrompu ſourit, & tous les fanatiques qui avaient arboré d'autres drapeaux perſécutèrent le Philoſophe.

Ce mot de plaiſir n'était qu'un piége pour ſe faire écouter : il ſe trouvait que pour être heureux dans les principes d'Epicure, il fallait faire un uſage modéré de ſes ſens, & s'exercer à la pratique des vertus. Ce n'était pas la théorie que cherchaient les Lays & les Alcibiades, auſſi ſon école fut bientôt abandonnée de l'ennemi des mœurs, cependant elle ne reſta pas déſerte, car il y avait encore des hommes de bien dans Athènes.

Epicure était ennemi de la doctrine ſecrette des Philoſophes, il penſait que tout ce qu'il était bon de ſçavoir, était bon à communiquer. Ses dogmes furent donc dégagés de tous ces voiles myſtérieux qui n'en impoſent qu'à l'ignorance. Il ne manqua à la clarté que lorſqu'il voulut, ſans principes phyſiques, expliquer l'origine des choſes. On voit qu'il s'agit ici de ſon fameux ſiſtême des Atômes.

Le monde, diſait Epicure, n'eſt que le réſultat fortuit de la combinaiſon des atômes ; quand cette combinaiſon ceſſe dans les êtres intelligens qui l'habitent, ils périſſent avec leur intelligence. Ces deſtructions, ces renouvellemens, ces métamorphoſes, effets d'une matière qui fermente & s'agite ſans ceſſe, n'influent en rien ſur la Divinité, qui tranquille dans les intermondes qu'elle habite, ne veille que par une providence générale à la conſervation de l'univers.

Cette phyſique eſt abſurde, & ce qui intéreſſe bien plus une raiſon éclairée, c'eſt qu'en circonſcrivant le pouvoir de l'Etre ſuprême, & en anéantiſſant le dogme ſacré de l'immortalité, elle affaiblit le frein précieux qui enchaîne l'homme à la morale & à la vertu.

Heureusement ce système n'étant fondé que sur des subtilités métaphysiques, le peuple n'était pas à portée de l'entendre & de se pervertir. D'un autre côté Epicure lui-même ne vit probablement pas tous les résultats de sa combinaison fortuite des atômes ; car assurément cet homme de bien qui voulait rendre heureux tout ce qui l'environnait, n'aurait pas détruit d'une main ce qu'il élevait de l'autre, en faisant cet assemblage monstreux de l'athéisme de Diagoras, avec la morale sublime de Socrate.

Epicure était bon citoyen, il ne voulut point sortir d'Athènes à l'époque de son siége par Démétrius-Poliocerte, il sentait que la Patrie pouvait avoir besoin de sa tête & de son épée : pendant tout l'intervalle de ce siége, on dit qu'il ne se nourrit que de féves, lui & ses disciples. Il mourut à l'âge de ſoixante & douze ans d'une rétention d'urine, dont il ſouffrit les douleurs avec une conſtance de héros. Cette mort arriva la ſeconde année de la cent vingt-ſeptiéme Olympiade.

EPIMENIDE. — Voyez ſa vie à la ſuite de celle de Solon, le légiſlateur d'Athènes. (*a*).

EUCLIDE LE SOPHISTE. — Il naquit à Mégare, & s'annonça d'abord par une eſpéce d'idolâtrie pour Socrate. Il y avait alors une guerre cruelle déclarée, entre ſa patrie & Athènes, & la haine de cette dernière ville était ſi violente, qu'il était défendu à tout Mégarien, ſous peine de la vie, de paraître dans l'Attique. Euclide dans le délire de ſon enthouſiaſme philoſophique, s'habillait en femme & la tête couverte d'un voile, ſe rendait, à l'entrée de la nuit, à la maiſon de So-

(*a*) *Hiſt. de la Gréce*, tom. V. pag. 56.

crate ; le péril qu'il courait ne servait qu'à rendre plus piquant à ses yeux, le charme de l'entretien du Philosophe.

Cette ferveur de Novice ne se soutint pas long-temps : Euclide, du vivant même de Socrate, fonda une Secte où on apprenait moins à former la raison qu'à disputer. Au reste il parait que cet abus de la dialectique, n'était dans le sage de Mégare, qu'une débauche d'imagination ; il resta toujours attaché à la morale & à la personne de son maître, & quand le fanatisme lui eut fait boire la cigue, il offrit un asile à Platon, & à tous les hommes éclairés que le crédit d'Anitus ne faisait point rougir du nom de Philosophes.

Euclide le Géometre. — Il naquit à Alexandrie, & fleurit environ quatre-vingts ans après Euclide le Sophiste. Ses élémens de Géométrie que le temps a respectés, annoncent le grand pas que l'esprit humain avait fait de ſon temps dans les ſciences exactes. Les annales de la Philoſophie moderne ont conſervé l'anecdote de notre célèbre Paſchal, qui à l'âge de douze ans & ne connaiſſant pas même la Géométrie de nom, devina par la ſeule force de ſon génie, les trente-deux premiers théoremes du livre d'Euclide.

Galien. — Ce fameux Médecin, né à Pergame, n'appartient qu'improprement au ſiécle d'Alexandre, puiſqu'il fleurit ſous le regne de Marc-Aurele. Les ouvrages qui nous reſtent de lui, ſont, avec ceux d'Hippocrate, les plus précieux monumens des connaiſſances des anciens ſur l'art conjectural de la Médecine.

Heraclite. — Il naquit à Ephèſe & ſe mocqua toute ſa vie de la Diane riche, mais ridicule, qu'on y révérait. Le fonds de ſon caractère était une miſantropie vertueuſe qui l'empêchait de rendre juſtice à la nature humaine. Il vivait iſolé dans la ſolitude, pleurant sans cesse sur les travers de l'homme, dont Démocrite dans la suite ne fit que rire. Avant de rompre ainsi avec la société, il paraissait ne se plaire qu'avec des enfants, comme étant plus voisins de la nature. Il jouait avec eux aux osselets, quand des députés de sa patrie vinrent lui offrir une Magistrature : *une*, leur répondit-il, *j'aime mieux jouer avec ces enfants, que de gouverner des hommes corrompus.* Héraclite mourut, dit-on, d'hydropisie à l'âge de cent ans. Il n'était d'aucune secte & il n'en fonda point. Le temps a détruit jusqu'au nom de ses ouvrages.

HIPPOCRATE. — Ce Médecin célèbre naquit dans l'isle de Cos, il descendait d'Hercule par sa mère, & appellé par sa naissance à gouverner ses concitoyens, il aima mieux les éclairer & les guérir. Rien n'égale le noble désintéressement, avec lequel il se conduisit dans la fameuse peste du Péloponèse. Le trait est si beau que nous y avons consacré un chapitre de cette histoire des hommes (*a*).

Hippocrate était le moins dogmatique des hommes; sa théorie, fondée sur le doute, ne marche jamais qu'à l'appui des faits. J'aime la noble franchise avec laquelle il avoue dans son Traité des Epidémies, que sur quarante-deux malades qu'il traita, il n'en guérit que dix-sept, & que les autres moururent entre ses mains. Il dit ailleurs au sujet d'une esquinancie contagieuse qui s'annonçait par les symptômes les plus terribles, *tous mes malades en échapperent, & s'ils étaient morts, je le dirais de même.*

Les ouvrages d'Hippocrate donnent une haute idée de sa personne, & sa personne donne la plus grande confiance en ses ouvrages.

LEUCIPPE. — Ce disciple de Zénon

(*a*) *Hist. de la Gréce.* Tom. VI. pag. 124.

d'Elée fut le maître de Démocrite. On peut le regarder comme le vrai fondateur de la doctrine corpusculaire. C'est lui qui imagina l'atomisme que nous avons vu rectifié d'abord par Démocrite, & devenu ensuite un sistême de l'ensemble le plus régulier, graces aux syllogismes d'Epicure, & aux vers de Lucrèce. Les détails sur la vie de Leucippe, ont échappé également aux pinceaux de l'histoire & aux calculs de la chronologie.

PARMÉNIDE. — Cet apôtre de l'Eleatisme, naquit à Elée, dans la soixante neuviéme Olympiade. Il adopta la mauvaise physique de son siécle, & il la mit en vers, comme Xénophane & Empédocle. Il fallait cependant que les poëmes de ce Philosophe ne fussent pas dépourvus de génie, puisque Platon consacra à leur analyse un de ses dialogues. Parménide fut nommé législateur de sa patrie. Ce titre honore plus sa mémoire que le suffrage de Platon & la célébrité de ses ouvrages.

PERIANDRE. — C'est à l'histoire de Corynthe* qu'on trouvera la vie de cet abominable tyran, dont la Gréce coupable a osé faire un des sept Sages (*a*).

PHERÉCIDE. — Ce Philosophe né dans une des Cyclades commença par se faire prophéte. A la maniere dont un vaisseau voguait, il jugeait qu'il ferait naufrage. En buvant d'une eau trouble, il annonça que trois jours après, il y aurait un tremblement de terre, *& tout cela arriva, comme il avait été prédit*, dit le bon Diogène. Tout ce que Phérecyde a fait de mémorable se réduit pour l'historien, à dire qu'il imagina un cadran astronomique & qu'il fut le maître de Pythagore.

(*a*) *Histoire de la Gréce.* Tome VIII. pag. 260.

PITTACUS.— La vie de ce ſage de la Gréce, fait partie de l'hiſtoire de Leſbos où il prit naiſſance (*a*).

PLATON. — Ce grand homme naquit à Egine, il deſcendait par ſon père de Codrus, & par ſa mère de Solon. Il paſſa ſon adoleſcence à cultiver la peinture & la poëſie, mais dès qu'il eut connu Socrate, il brûla les tableaux & les poëmes qu'il avait faits, & ne fut plus que Philoſophe.

Après avoir conſacré une partie de ſa jeuneſſe à voyager afin de voir les hommes par ſes yeux, plutôt que par les livres, il revint à Athènes chargé des dépouilles philoſophiques du monde connu. Non loin des murs de cette Ville célèbre, était un eſpéce de Gymnaſe décoré de ſtatues, dont un Citoyen nommé Academus avait fait autrefois la promenade des Artiſtes & des gens de Lettres. Nous avons

(*a*) *Hiſt. de la Gréce.* Tom. VIII. pag. 279.

vu dans l'hiſtoire de Piſiſtrate, qu'Hipparque ſon fils l'avait entouré d'un portique ſuperbe, & qu'il s'y rendait ſans gardes & ſans répréſentation, rétabliſſant ainſi en qualité d'ami des Arts, le ſiſtême d'égalité qu'il détruiſait en qualité de Souverain. C'eſt dans ce ſéjour riant, au milieu des Dieux de ſa patrie & des mânes de ces grands hommes, que Platon vint établir ſon école, qui prit dès lors le nom d'Académie.

La vie de Platon eſt liée eſſentiellement à l'Hiſtoire politique de ſon ſiécle, & il eſt inutile de répéter ici ce que nous en avons dit dans les annales de la Sicile (*a*).

On prétend que Platon mourut à l'âge de 81 ans, le même jour qu'il était né; ce haſard ſingulier qui avait prolongé ſa vie préciſement juſqu'à

(*a*) *Hiſt. de la Gréce.* Tome VIII. depuis la pag 194, juſqu'à la pag. 215.

neuf fois neuf ans fut regardé comme une merveille, par la secte superstitieuse de Pythagore. On érigea à ce grand homme un tombeau, une statue & un autel dans l'Académie.

Platon parait avoir composé sa doctrine des dogmes épars de Socrate, d'Héraclite, de Parménide & de Pythagore.

Sa physique est celle de son temps, cependant il avait une des clefs de la nature, puisqu'il partait du grand principe que rien ne se fait de rien.

Sa métaphysique toute aërienne, ne s'occuppe qu'à écarter des nuages, ou en amasser; on s'est battu pendant vingt siécles pour cette métaphysique, où chaque Sectaire rencontrait tout ce qu'il voulait, excepté la vérité.

Sa politique & sa morale, sont infiniment plus pures, & cela devait être, parce qu'il n'avait eu besoin pour y réussir, que de consulter sa belle âme & le génie de Socrate.

Toute la Philosophie de Platon est sous la forme de Dialogues. Ce grand homme avait choisi cette forme heureuse, afin d'avoir occasion de tempérer par des tableaux éloquents l'aridité de ses discussions métaphysiques, & il faut avouer qu'à cet égard les écrits du disciple de Socrate, sont autant de chefs d'œuvres. Il entraîne par la magie de son style, avant qu'on ait eu le temps de se précautionner contre la faiblesse de ses raisonnements. Il avait, dit l'ingénieux Condillac, le talent de donner des couleurs aux objets, sans répandre sur eux aucune lumiere: deux choses qui paraissent se contredire, & qui s'allient néanmoins, quand on a beaucoup d'imagination & qu'on a adopté une mauvaise méthaphysique.

Il n'y a point d'homme d'Etat qui ne doive lire tous les ans les loix de Platon, & sa république, & malheur aux âmes glacées qui oseraient détourner de la lecture de ces ouvrages admirables, en disant que ce sont les rêves d'un homme de bien !

PROTAGORAS. — Il est triste après avoir parlé de Platon d'avoir quelque chose à dire de Protagoras. Cet athée trop célébre exerça d'abord le métier de porte-faix : Démocrite le vit un jour arranger géométriquement des fagots pour les tenir en équilibre, & ce trait lui suffit pour pressentir son génie : comme dans le siécle dernier un mathématicien devina celui du jeune Paschal en lui voyant tracer avec du charbon les figures des éléments d'Euclide ; le sophiste qui passa sa vie à rire des hommes, mit Protagoras au rang de ses disciples, lui donna son manteau, sa physique & ses erreurs, & le porte-faix un matin se réveilla Philosophe.

Protagoras fut le premier des Grecs qui prostitua la Philosophie, en donnant ses leçons pour de l'argent : cependant voyant qu'il ne s'enrichissait pas à apprendre à ses disciples les vérités vulgaires de la physique & de la morale, il tint école ouverte d'athéisme; il ne fonda pas de sectes, mais on vint en foule pour l'entendre, & son but vénal fut rempli.

Encouragé par le succès de ses leçons, il osa bientôt consigner son athéisme dans un ouvrage que son audace rendit célébre : Athènes instruite de cet attentat contre l'ordre social, brûla le livre & bannit le sophiste, qui mourut dans son exil; il eût été plus heureux, s'il n'eût jamais rencontré Démocrite, & qu'il eût conservé son théisme & ses fagots.

PYRHON.—Ce fameux Sophiste, Eléen de naissance, naquit dans un temps ou toutes les sectes Greques, à force de s'analyser & de se combattre, avaient mis à découvert le néant de leur sistêmes. Frappé de l'absurdité des opinions dont chaque Philosophe cherchait à entourer son intelligence, il commença par douter de tout & il finit par ne rien croire. S'il avait vécu dans le siécle des Locke & des Newton, son doute méthodique l'aurait conduit d'abord à peser tout & ensuite à croire.

Un des grands malheurs de Pyrhon est d'avoir suivi dans l'Inde le Sophiste Anaxarque, le même qui osa repaître la tyrannie d'Alexandre de l'idee qu'il n'y a point d'action injuste pour les Souverains; on est bien près de ne rien croire quand on ne croit pas à la vertu.

Pyrhon persuadé qu'il n'y a rien de réel de ce qui tombe sous nos sens, & que tout est illusion, se conduisait dans sa maniere de vivre conséquemment à son septicisme; s'il allait à la campagne, il marchait toujours devant lui, la rencontre d'un char ou d'un précipice ne l'obligeait pas à faire un pas en arrière, & il ne devait sa vie, dans ces circonstances, qu'au zèle de ses disciples qui ne le quittaient point. Cette parfaite indifférence avait amené le sophiste à dire qu'il n'importait pas plus à l'homme de vivre que de mourir. *Pourquoi donc ne meurs-tu pas?* lui dit un Philosophe, *je te l'ai dit*, répond Pyrhon, *parce que la vie & la mort sont pour moi d'une égale indifférence.*

On ne revient pas de son étonnement, quand on apprend de Diogène, que Pyrhon, par son dogme du doute universel, ennemi *né* des Dieux & des hommes, fut honoré dans sa patrie de la charge de grand Pontife, & qu'en considération de la gloire que sa célébrité faisait rejaillir sur elle, on y exempta de tout tribut la classe des Philosophes.

PYTHAGORE. — La vie de ce Philosophe est à l'Histoire de Samos, sa patrie, à la suite de la tyrannie de Polycrate (*a*).

(*a*) *Hist. de la Grèce.* Tom. VIII. pag. 160.

SOCRATE. — La vie de ce Sage à jamais célébre dans les annales du génie & de la vertu, occupe un volume presqu'entier de l'Histoire d'Athènes. (*a*).

SOLON. — Nous avons donné avec tous ses détails, la vie de ce Sage de la Gréce & l'Histoire de sa législation (*b*).

STILPON. — L'athéisme de Stilpon fut plus couvert que celui de Protagoras, & peut-être par-là plus dangéreux; il ne se permit contre le ciel que des épigrammes; mais dans une ville aussi frivole qu'Athènes, les épigrammes font plus de mal que les syllogismes; l'Aréopage lui intenta un procès criminel, mais celui-ci justifia ses plaisanteries par d'autres: les juges sourirent, & l'accusé fut absous.

Stilpon après cette aventure, devint,

(*a*) *Hist. de la Gréce.* Tom. IX. pag. 114.

(*b*) *Hist. de la Gréce.* Tom. IV. pag. 324. & tome V. pag. 5.

je ne dis pas plus ſenſé, mais plus circonſpect; un étranger lui ayant demandé dans une place plublique, s'il était vraì qu'il y eut des Dieux; *imprudent*, lui dit-il, *écarte la foule, & tu auras de moi une réponſe.*

Il parait que malgré la prudence de Stilpon, le cyniſme de ſes opinions était très-connu dans Athènes; un jour qu'il reprochait à la jeune Glycère de corrompre la jeuneſſe, *qu'importe*, lui répondit-elle, *par qui elle ſoit corrompue, par une courtiſanne, ou par un ſophiſte?*

Stilpon était de Mégare, il avait conſigné ſa doctrine en neuf dialogues qui heureuſement ne ſont pas parvenus juſqu'à nous. On ignore l'époque préciſe où il fleurit. On ſçait ſeulement que laſſé de ſouffrir dans ſa derniere maladie, il s'ennyvra pour accélerer ſa mort.

STRATON. — Ce Sophiſte né à Lempſaque & fils d'Arcéſilas, à force de rêver sur la nature, parvint à se persuader que cet être qu'il ne pouvait définir était la première des causes.

Il supposait autant de substances diverses, qu'il y a de molécules dans la matière, & prétendait que l'assemblage de ces molécules, quoique sans intelligence, avait en se combinant, produit les êtres intelligens.

Ce systême a été dans la suite rectifié par Spinosa, & n'en est pas devenu plus raisonnable.

Straton fut le précepteur de Ptolémée Philadelphe, il est probable qu'il n'en fit pas un athée ; car ce Prince sut gouverner les hommes.

THALÈS. — Ce sage de la Gréce était né à Milet d'une famille illustre qui descendait de Cadmus & d'Agénor ; il fut le fondateur de la secte Ionique, ou plutôt de la Philosophie grecque. Ses principes ne se ressentaient point du berceau des connaissances humaines. Il faisait de l'existence de

Dieu la base de sa morale, & ce Dieu, il le définissait : *l'Etre qui n'a jamais commencé, & qui ne saurait finir.* Il croyait aussi qu'il n'y a point d'économie sociale, sans le dogme sacré de l'immortalité. On regrette qu'il ait gâté cette sage Philosophie par ses erreurs sur le célibat. Persuadé que l'homme sur cet article n'a point de dette à payer, ni à la patrie, ni à la nature, il ne voulut point s'imposer la douce loi d'être pere & époux ; sa mere, lorsqu'il était dans la force de l'âge, voulut lui choisir une femme, *non il n'est pas temps encore*, lui dit Thalès ; ses instances redoublerent quelques années après, & le Philosophe répondit : *il n'est plus temps.*

Thalès dans ses voyages en Orient, avait puisé les premiers élémens de l'astronomie ; on lui attribue d'avoir tracé le premier, dans le Péloponese, quelques cercles de la sphère, d'avoir observé la constellation de la petite ourſe, & d'avoir appris aux Grecs à calculer les éclipſes.

On croit que la ſecte Ionique, fondée par Thalès, ſe propagea en Gréce ou à Rome, pendant cinq-cents ans. Le chef de cette ſecte était contemporain de Pharaon-Amaſis, & mourut à l'âge de quatre-vingt douze ans, pendant qu'il aſſiſtait au ſpectacle des jeux Olympiques.

THÉODORE. — Ce ſophiſte, fut diſciple d'Ariſtippe & prêcha l'athéiſme avec tant d'audace, qu'on le traîna devant l'Aréopage; il allait être condamné à boire la cigue, lorſque Démétrius de Phalere, indigné ſans doute qu'un athée partageât le ſupplice glorieux de Socrate, le fit ſortir d'Athènes.

Théodore ſe réfugia en Egypte, auprès de Ptolémée, fils de Lagus, qui l'envoya en Ambaſſade auprès de Lyſimaque. Le ſophiſte pour répondre à l'idée qu'on avait conçu de ſon courage, parla avec beaucoup de fierté au Souverain avec qui on l'avait chargé de traiter. Un favori de Lysimaque en fut blessé, *tu t'imagines peut-être*, lui dit-il, *qu'il n'y a pas plus de Rois sur la terre que de Dieux dans le ciel*, — *il faut bien*, répond Théodore, *que je croye à l'existence des Dieux, puisqu'ils ont à punir les êtres odieux qui te ressemblent.*

Suivant quelques historiens, Théodore mourut dans son lit, suivant d'autres, son athéisme le conduisit au supplice.

THÉOPHRASTE.—Ce Philosophe était de Lesbos, il s'attacha à Aristote qui en fit le confident de ses pensées, & qui, à l'époque de son exil volontaire à Chalcis, le désigna pour son successeur à la chaire du Péripatétisme. Théophraste répondit à l'attente d'Aristote, & il compta bientôt deux mille disciples. Il n'ajouta rien à la doctrine de son maître, & mourut à l'âge de 85 ans, murmurant contre la Providence, de ce qu'elle accordait à des oiſeaux ſans intelligence une vie plus longue qu'à l'homme, fait par ſa raiſon pour être le Roi de la nature.

TIMÉE. — Ce Philoſophe naquit à Locres dans la grande Gréce, environ cinq-cents ans avant l'Ere vulgaire. Platon en faiſait beaucoup de cas, & il a donné ſon nom au plus beau de ſes dialogues. Il nous reſte de lui un petit Traité aſſez obſcur de *l'âme du monde*, qui renferme en quelques pages les élémens de la ſcience univerſelle.

XENOCRATE. — Ce diſciple de Platon était de Chalcédoine, on lui reprochait une ſorte d'auſtérité dans le caractère, qui repouſſait la confiance. Auſſi ſon maître lui recommandait ſans ceſſe de *ſacrifier aux Grâces*. Xénocrate fut après Platon chef de l'Académie.

Alexandre inſtruit de la renommée de Xénocrate, lui envoya cinquante talents, mais celui-ci les refuſa, faiſant entendre qu'on n'achetait pas à prix d'argent l'amitié d'un Philoſophe.

Xénocrate compoſa pluſieurs ouvrages philoſophiques, & entr'autres un livre ſur l'art de regner, qu'il envoya au héros de la Macédoine. Celui-ci le lut, l'admira & n'en fut pas moins l'aſſaſſin de Clitus, de Parménion & de Calliſthène.

Ce Philoſophe mourut à l'âge de 82 ans, la première année de la cent-ſeiziéme Olympiade.

XENOPHANE.— Ce chef de l'Eclectiſme naquit à Colophon, au temps de la domination de Piſiſtrate, dans Athenes. On le bannit de ſon pays parce qu'il traita d'abſurde l'idée d'Homère & d'Héſiode, que les Dieux naiſſent & meurent comme les hommes. Il ſe retira en Sicile, où manquant de tout, il fut réduit pour vivre à déclamer ſes poëſies. Son indigence ne l'empêcha pas de prolonger ſa carrière, juſqu'au dernier période de la décrépitude. Ses enfans qu'il aimait moururent avant lui, & il eut le courage de les enterrer de ſes propres mains.

La ſecte de Xénophane prit chez les anciens le nom d'Eleatique, à cauſe de trois partiſans de ſa doctrine, qui naquirent à Elée, & qui tous l'effacerent. Ces Philoſophes, chez qui ſeuls on peut s'initier dans les myſtède l'Eclectiſme, ſont l'un des deux Zénon, Leucippe & Parménide.

ZÉNON D'ELÉE. — Il donna quelque vogue à la méthaphyſique obſcure de Xénophane. Ce Philoſophe regardait la nature comme une combinaiſon du chaud & du froid, du ſec & de l'humide, & il compoſait l'âme du mélange de ces éléments. Heureuſement pour ſa patrie, il était meilleur républicain que raiſonneur. Néarque s'était fait tyran d'Elée, il conſpira contre lui; & appliqué à la torture, il eût le courage de nommer comme ſes complices tous les favoris de Néarque, qui à l'inſtant furent envoyés au ſupplice. Le tyran s'approcha enſuite de ſa victime, & lui demanda s'il y avait encore dans la Ville quelque citoyen digne de mort, *ſans doute*, répondit le Philoſophe, *& cet homme c'eſt toi.* Le peuple ſe ſouleva, aſſomma Néarque à coups de pierres, & c'eſt ainſi que Zénon expirant, abbattit la tyrannie.

ZÉNON LE GRAND. — Ce célébre patriarche du Stoïciſme, naquit dans l'iſle de Chypre. Il fit d'abord le commerce de la pourpre, mais ſon vaiſſeau dans une tempête ayant échoué non loin d'Athènes, il y fixa ſa réſidence.

Le cynique Cratès, l'athée Stilpon, & le ſage Xénocrate, furent tour-à-tour les maîtres de Zénon. Il eut le bon eſprit d'adopter de leurs divers corps de doctrine, ce qui ſe conciliait le mieux avec les dogmes ſacrés de la nature, & il en compoſa un ſiſtême Philoſophique, auquel la Gréce, prête à tomber, &

Rome florissante durent la plupart de leurs grands hommes.

Le nom de Stoïcien vint aux disciples de Zénon, du mot *Stoa*, qui signifie portique, parce que ce grand homme tenait son école sous un portique d'Athènes, comme Antisthène dans le Cynosarge & Platon à l'Académie.

Zénon vécut 98 ans, sans avoir jamais eu la plus légere incommodité. Sa mort paisible qui ne fut que le soir d'un beau jour, arriva sous le régne d'Antigone, en Macédoine.

Ce Zénon qui a quelquefois déraisonné sur les premieres causes, mais qui a donné aux hommes une morale sublime, faisait de l'insensibilité parfaite, ou de l'apathie l'unique principe de la félicité des êtres. Suivant ce Philosophe, Jupiter possédait essentiellement l'apathie, & le sage en avait besoin pour le devenir.

Heureusement ce principe qui tendrait à isoler tous les êtres intelligens ne fut pas pris à la rigueur par les fameux Romains qui combattirent sous les drapeaux du Stoïcisme. Ce fut par exemple un grand bonheur pour le genre humain, que Marc-Aurele, l'enthousiaste de la doctrine de Zénon, ne fût pas jaloux de son apathie, & que sa grande âme ne cessât jamais d'être active, malgré les livres de son maître & l'exemple de Jupiter.

Le partisan de l'apathie est l'ennemi de la société; il substitue aux hommes de génie, des esprits pusillanimes, aux enthousiastes de la vertu, de frivoles discoureurs, & aux héros de la patrie de froides statues.

La physique de Zénon ne prêtait pas moins à la critique, que sa théorie méthaphysique sur l'apathie. Mais il faut juger ce grand homme par sa morale, & non par le néant de ses spéculations. Au fond que nous importe que l'essence de la nature soit de l'éther, que le monde soit un grand animal sphérique qui renait de sa cendre, comme le phénix, & que les astres se nourrissent de vapeurs ? Ces vieilles erreurs ne rendent pas l'homme plus heureux ou plus malheureux. Il n'en est pas de même des principes des mœurs. Si un législateur fait en ce genre un mauvais raisonnement, il peut causer le malheur de dix millions d'hommes.

L'antiquité n'eut point un pareil reproche à faire à Zénon. *Si je pouvais*, dit le célebre Montesquieu, *oublier un moment le culte qui m'éclaire, je ne pourrais m'empêcher de mettre la destruction de la secte de ce grand homme au nombre des malheurs du genre humain* (a).

Trois écrivains fameux nous ont fait connaître la morale du portique, Séneque, Epictète & Marc-Aurele. Ce

(a) *Esprit des Loix*. Liv. 24. Chap. 10.

dernier eſt peut-être celui dont le nom vivra le plus long-temps; il n'a ni la ſtérile fécondité du Précepteur de Néron, ni l'aride concision de l'eſclave d'Epaphrodite. L'homme d'eſprit parcourt Senéque, le miſantrope admire 'Epictète, mais le ſage lit Marc-Aurele.

CONSIDÉRATIONS SUR LE RETARDEMENT QUE LA PHILOSOPHIE GRECQUE A APPORTÉ AU PROGRÈS DE LA RAISON.

Les Grecs ont tant mérité de l'esprit humain dans les beaux arts, que l'analogie conduit à croire qu'ils ont fait les mêmes progrès en Philosophie; cette induction est une erreur qui a retardé de plus d'un siécle l'avénement de la raison en Europe.

Il ne fallait aux grands artistes du siécle d'Alexandre, que d'habiter un climat riant, de voir sans cesse sous leurs yeux des formes heureuses, d'unir dans leur imagination féconde le beau idéal, au beau de la nature, pour couvrir la Gréce de leurs ouvrages immortels: pour que la peinture s'énorgueillit de son enlevement de Ganyméde & de ses deux Vénus, pour que l'architecture décorât Athènes de ses Propylées, pour que la sculpture créât l'Hercule de Farnèse, l'Apollon du Belvedere & le groupe de Laocoon.

Il ne fallait aux Poëtes de la Gréce outre leur ciel, & le spectacle d'une belle nature, qu'une langue harmonieuse que leur imagination brillante pût modifier à leur gré, pour se rendre dans leur art les modéles des générations à naître, pour opposer à tous les siécles l'Iliade d'Homère, les Tragédies de Sophocle, & les Odes d'Anacréon.

Il ne fallait aux Orateurs que le sentiment de cette indépendance, qui exalte l'âme de tout homme digne d'avoir une patrie, pour donner à l'éloquence tout son ressort, pour qu'un Demosthène avec ses harangues de feu, balançât la politique artificieuse de Philippe, & suspendît l'effet des victoires d'Alexandre.

Pour la Philosophie, il lui faut d'autres points d'appui, pour prendre son essor. Et ces points d'appui manquaient aux beaux génies du siécle d'Alexandre.

La Philosophie n'a point de base, sans la Physique qui observe lentement la grande chaîne des faits, & qui la suit d'anneau en anneau, pour parvenir au premier de tous que tient la nature, & les Grecs n'eurent point de Physique.

En général l'imagination grecque était trop ardente & trop active pour se trainer péniblement à la suite de quelques faits isolés, dont la génération pouvait à peine se pressentir : les Philosophes du Lycée, du Portique ou du Cynosarge, aimaient mieux deviner la nature que d'attendre en silence ses oracles. Voilà pourquoi presque tous leurs sistêmes ne sont que des édifices aëriens, que le souffle de la raison suffit pour renverser.

Ce n'eſt pas que quelquefois les Philoſophes de la Gréce, comme ſes prophêtes, à force de deviner, ne rencontraſſent juſte : par exemple Démocrite attribuait la cauſe des taches de la lune à la hauteur exceſſive des montagnes de cette planette, & à la profondeur de ſes vallées, il croyait que la voie lactée eſt un amas innombrable d'étoiles, dont la petiteſſe échappe à l'œil de l'obſervateur ; & il eſt bien ſingulier que l'imagination ſeule ait conduit le Philoſophe d'Abdère à des réſultats que les beaux génies de la Phyſique moderne ne doivent qu'au Téleſcope.

Mais le petit nombre de vérités éparſes dans ce prodigieux amas d'erreurs que nous tenons des Grecs, n'étant que le réſultat de l'imagination qui devine, & non de l'eſprit philoſophique qui obſerve, ne mérite pas qu'on faſſe honneur d'une Phyſique au ſiécle d'Alexandre.

Cependant quand l'aurore de la raison vint éclairer l'Europe moderne, la haute idée qu'on avait du siécle d'Alexandre & la persuasion où l'on se trouvait, qu'on ne pouvait être les législateurs du goût, sans être en même-temps les législateurs de la Philosophie, firent qu'on adopta la mauvaise Physique des anciens, au lieu d'en créer une nouvelle. Alors l'esprit humain eut beau être secoué, tous ses mouvemens furent perdus pour le progrès des lumieres & pour le regne de la vérité.

Les contemporains de Descartes s'attribuerent de grandes découvertes : celle qui aurait le plus honoré leur sagacité, eut été peut-être la découverte de l'ignorance des anciens, dans les Sciences physiques, ce qui aurait épargné bien des erreurs rajeunies aux Philosophes du siécle de Louis XIV.

Descartes qui cependant par l'introduction de son doute méthodique avait annoncé qu'aucune des erreurs anciennes ne serait sacrée pour lui, par une contradiction étrange, prit à Platon sa chimère des idées innées, se contentant de substituer la préexistence des âmes à leur émanation de la divinité, enseignée par le fameux disciple de Socrate. (*a*).

Dans le même temps Gassendi pre-

(*a*) Au reste ce Philosophe, qui d'ailleurs a tant mérité de l'esprit humain, ne cachait pas les sources où il puisait, soit ses Contes philosophiques, soit les grandes vérités qu'il apportait à son siécle. *Nec me etiam*, dit ce grand homme, *primum ullarum inventorem esse jacto, sed tantùm ne nunquàm illas pro meis adoptasse, vel quòd ab aliis priùs recepta fuissent, vel quòd non fuissent; verùm unicam hanc ob causam quòd mihi eas ratio persuasisset.* Voy. Desc. *de Methodo*, Tom. I. pag. 47. -- Il a beau ajouter qu'il ne s'est déterminé que par la raison & non par l'autorité; comme la raison ne fait point faire des paralogismes, il est évident qu'il n'a été conduit au paradoxe des idées innées, que par l'autorité.

nait à Epicure sa philosophie corpusculaire que celui-ci tenait de Démocrite, & que ce dernier avait puisé probablement dans les écrits du Phénicien Moschus (*a*) C'est d'après cette Philosophie corpusculaire, rajeunie par Gassendi, que Newton avança « qu'une » particule de matiere étant donnée, » dans son dernier période de division, » & un espace quelconque étant admis » dans la plus grande étendue que lui » prête l'imagination, il est possible que » l'élement de matiere s'étende sur tout » l'espace & le couvre, de maniere qu'il » n'y ait aucun pore dont le diamétre » surpasse la plus petite ligne donnée ». Quand cette proposition fut jettée dans le monde sçavant, elle y parut entiérement neuve. On ne se doutait point alors, qu'Anaxagore avait dit au commencement du siécle d'Alexandre, que

(*a*) *Sext. Empiric.* lib. 9. adverſ. Mathemat.

s'il se trouvait un agent assez subtil pour diviser jusqu'au point où la Philosophie l'imagine, l. patte d'un ciron, on couvrirait de ces corpuscules cent millions de cieux, sans que la patte du ciron s'épuisat (*a*). Rêverie ingénieuse que Démocrite renouvella dans la suite, en disant : *qu'il etait possible de faire un monde avec un atôme* (*b*).

Leibnitz, le Descartes de l'Allemagne, crut bâtir un nouvel univers avec ses Monades, & il s'est trouvé que le nom & la chose étaient dans Pythagore (*c*), le même Philosophe que nous avons vu déraisonner, d'une manière si brillante, dans son sistême de la Métempsycose.

(*a*) *Aristot.* Phys. auscult. lib. 3.

(*b*) *Stob.* Eclog. Physic. lib. 1. -- Ce rapprochement est tiré des *Recherches* sçavantes de M. Dutems, l'éditeur de Léibnitz.

(*c*) *Monas initium omnium è cujus figuris & numeris elementa fiunt.* Voy. *Hermias*, Irris Philos. Gentil. Sect. 16.

Il faudrait faire un volume entier, ſi on mettait ſous les yeux toutes les opinions des Philoſophes de l'antiquité, ſur leſquels nos Philoſophes modernes ont bâti une partie de leur renommée; mais ce volume fait pour ſatisfaire une curioſité frivole, ne doit point entrer dans une hiſtoire des hommes. Au fond qu'importe à l'être qui s'éclaire, d'étudier des opinions pour ſçavoir des opinions? Il ne faut à ſon inſtruction que le tableau des grandes erreurs qui ont partagé le monde: la carte de ſes navigations dans l'Océan des préjugés, ne doit être marquée que des écueils célébres, pour lui éviter des naufrages.

Cette manie d'adopter des opinions bizarres, auxquelles leur antiquité tenait lieu de vérité, manie qui, à la renaiſſance de la raiſon en Europe, a porté tant de préjudice au progrès des lumières, aujourd'hui que l'homme plus inſtruit oſe penſer d'après lui-même, ne dispa.ait point encore. N'avons-nous pas vu dans un livre dédié à Fontenelle, un Consul d'Egypte rajeunir la rêverie de Thalès, que l'eau à tout organisé sur ce globe, & en conclure que Corneille & Newton ont la même origine que l'Huitre & le Requin? Un autre Philosophe qui d'ailleurs honore sa nation par ses talents, n'a-t-il pas voulu dissiper les ténébres de la génération avec son prétendu flambeau des molécules organiques? Et quand de bons esprits ont avancé qu'une molécule qui n'est ni animal, ni végétal, ne sçaurait produire des animaux & des végétaux, quand ils ont ajouté que cette molécule ne pouvait être moulée dans le moule intérieur, parce que si les élémens se modifiaient, ils ne seraient plus élémens, & que s'ils étaient inaltérables, il ne pourraient concourir à la formation des êtres organisés, les défenseurs de cette rêverie philosophique, réduits au ſilence par les raiſonnemens, n'ont-ils pas eu recours à l'autorité? n'ont-ils pas voulu rendre leur paradoxe auſſi ſacré qu'un ſyſtême de Religion, en déclarant que le Pline de la France, ne l'avait developpé qu'après Empédocle, Plotin & Anaxagore (*a*).

(*a*) Les textes rapprochés de ces Philoſophes anciens ſur la génération, ſe trouvent dans les *Recherches* très-ſçavantes de l'éditeur de Leibnitz.

On connait le ſiſtême des Homæomeries d'Anaxagore; on ſçait que ce fameux inſtituteur de Périclés croyait, comme l'auteur de notre *Hiſtoire naturelle*, que le ſang eſt formé d'élemens ſanguins, ou de molécules organiques de la même ſubſtance, que la nutrition & la végétation ſont les agents ordinaires de la nature dans la reproduction des êtres; que nos alimens ſe convertiſſent en veines, en arteres, en nerfs, en os, parce qu'il y a en eux des parties conſtituantes, des veines, des arteres, des nerfs & des os. Il ſuffit de lire Plutarque, *De Placit. Philoſoph.* lib. I. cap. 3. pour y voir le germe du ſiſtême des molécules. L'homme de goût le retrouve avec non moins de

Il nous semble que le temps devrait être venu, de n'adopter des anciens que le code admirable qu'ils nous ont laissé sur les matieres de goût, &

---

clarté, dans le premier chant du Poëme de Lucrèce, qui renferme l'exposition de la fable des Homæoméries.

Empédocle eut sur les molécules la même doctrine qu'Anaxagore, & il l'exprima presque dans les mêmes termes que M. de Buffon. » Le fluide séminal des deux sexes contient, » dit-il, toutes les molécules analogues au » corps de l'être animé, & nécessaires à sa » reproduction ». *Empedocles quidem divulsa esse sobolis membra dicebat ut in fœminæ alia, alia in maris semine continerentur.* Voy. *Galen.* de Semine. lib. 2. cap. 3.

Plotin n'a fait que donner une nouvelle forme à la pensée originale d'Empédocle, en disant que la variété des molécules similaires, qui se rapprochent, concourt à la formation des êtres animés. Il appelle cette loi nouvelle *la force magique de l'univers.* Voy. *Plotin.* Ennead. 4. lib. 4. & qualité occulte pour qualité occulte, l'homme qui veut rêver sur la génération, peut choisir entre les molécules organiques & la force magique de l'univers.

d'abandonner toutes ces vieillles erreurs philosophiques, qui transplantées par-tout, ont envahi par-tout l'empire de l'opinion, & qui ne laissent aucune place à la vérité, comme les forêts immenses des Indes occidentales ne laissaient aucune place à l'Agriculture.

Et si des enthousiastes aveugles nous reprochaient de renverser d'antiques autels, nous ajouterions à nos raisonnemens de grandes autorités. Nous leur dirions que Bacon, Loke & Newton n'ont bâti que sur les ruines de la Philosophie grecque, l'édifice des connaissances humaines. Nous leur citerions ce texte de l'ingénieux instituteur de l'Infant de Parme, qui réunissait à quelques égards l'imagination de Platon avec l'âme de Montausier.

» Les Philosophes (Grecs) ont mal
» commencé, & l'analogie les a conduits
» d'erreurs en erreurs, bien plus rapide-
» ment qu'elle ne nous conduit aujour-
» d'hui de vérités en vérités.

» Leur premier & principal objet » a été d'expliquer l'origine & la gé- » nération de tout ce qui exiſte; mais » ils ne pouvaient pas obſerver cette » origine & cette génération, ils ne » pouvaient donc pas la découvrir.

» Quelle conduite ont-ils donc tenus » dans cette recherche? Ils ont rai- » ſonné d'après les préjugés reçus; ils » ont eſſayé de ſe faire des idées moins » communes; ils ont dit des abſurdi- » tés plus ingénieuſes; ils ſe ſont » perdus dans la chimère des abſtrac- » tions.

» Ces premiers Philoſophes ont re- » gardé autour d'eux, & auſſi-tôt ils » ont cru comprendre. Il ſemble que » leur premiere penſée ait été : *nous* » *voyons tout, nous pouvons rendre rai-* » *ſon de tout.* Ils voyaient comme un » ſonge l'univers ſe former à leurs » yeux, ils rêvaient les principes des » choſes, & ils ne s'éveillaient point.

DE LA

DÉCADENCE DE LA GRÈCE,

APRÈS LA MORT D'ALEXANDRE.

LA bataille de Chéronée fut le tombeau de la liberté de la Grèce, & la mort d'Alexandre, le tombeau de sa Monarchie.

Il ne nous reste presque plus rien à dire, ni sur les vaincus, qui furent si long-tems les instituteurs du monde, ni sur les vainqueurs, qui n'eurent pas le tems de le devenir à leur tour; & notre silence sur une époque, qui n'est point stérile en évènemens, mérite qu'on le justifie.

Alexandre, en mourant, ne s'était point désigné de successeur. Roxane, une de ses femmes, était enceinte; mais on ignorait quel serait le sexe de l'enfant, qu'elle allait faire naître. Aridée, frère naturel du Héros, était dans une espèce de stupidité, que la jalousie d'Olympias avait encore augmentée par des breuvages. Tous les Capitaines, qui avaient servi sous Alexandre, regardèrent alors sa brillante Monarchie, comme une succession vacante, & s'accordèrent à la démembrer; on laissa le fantôme de Roi, Aridée, avoir des Gardes qui lui obéissaient à peine, & signer des Edits qu'il ne faisait pas; on convint, pour affoiblir encore son pouvoir, qu'il le partagerait avec le fils de Roxane; & les dix Généraux Macédoniens allèrent régner chacun dans leur Gouvernement.

Après vingt ans d'une guerre variée, soit dans ses succès, soit dans ses horreurs, les dix nouveaux Souverains se trouvèrent réduits à quatre. Ce fut la bataille d'Ipsus où Antigone perdit la vie, qui amena le vrai partage du monde conquis par Alexandre. Cassandre, fils d'Antipater, eut la Macédoine & la

Grèce ; on donna à Lyſimaque la Thrace, la Bithynie, & quelques Provinces au-delà de l'Helleſpont ; l'Egypte, la Lybie, l'Arabie & la Celeſyrie furent l'apanage de Ptolémée ; & Séleucus obtint la Syrie, & toute la haute-Aſie juſqu'à l'Indus & à l'Euphrate.

La Macédoine reſta peu de tems dans la maiſon de Caſſandre ; comme elle avait épuiſé toute ſa force ſous le Héros qui vainquit Darius, elle reçut preſque ſans combat le joug que tous les Guerriers qui ſe préſentèrent ſur ſes frontières voulurent lui impoſer. Son peuple, ſans vigueur & preſque ſans phyſionomie, ne mérite d'occuper le pinceau de l'Hiſtorien, que lorſque ſes annales ſe trouvent liées avec celles de Rome, qui l'engloutit dans ſes conquêtes.

La Monarchie de Lyſimaque eſt encore moins digne de nos regards. Après la mort de ce Prince, tué ſur un champ de bataille, & le maſſacre de toute ſa famille, les Provinces iſolées qui la composaient, passèrent à divers Souverains, qui n'ayant eu qu'un moment d'existence, ne doivent occuper aussi qu'un très-petit coin, dans le grand tableau de l'Histoire Romaine.

L'Egypte & la Syrie, gouvernées toutes deux pendant plusieurs siècles par les mêmes Dynasties, méritent seules de n'être point confondues avec Rome conquérante. Aussi, nous ne tarderons pas à nous en occuper, en traitant à part l'histoire des Ptolémées, & celle des Séleucides.

Nous avons dit que la Grèce avait été comprise dans le partage de Cassandre. Elle ne réclama point contre ce Traité qui l'humiliait, & son silence annonce qu'elle méritait de l'être. Mais du moment que cette Grèce n'est plus libre, elle n'a plus d'histoire.

Cependant, on est curieux d'être instruit de quelle manière les vainqueurs de Xerxès ont fini, comme le voyageur cherche avec intérêt le fleuve rapide du

Rhin, dans les sables où il se perd. Ainsi, il faut encore consacrer quelques pages à l'histoire stérile de la décadence du Péloponèse.

Puisque Thèbes, dont Epaminondas avait fait quelque tems la Puissance dominante de la Grèce, n'est plus, cette Histoire se borne à un coup-d'œil rapide sur Lacédémone, sur Athènes, & sur cette Corinthe, devenue le sanctuaire des Arts, & l'entrepôt du Commerce du globe, jusqu'à son incendie sous Mummius.

DE LACÉDÉMONE, JUSQU'A LA DESTRUCTION DES DEUX TRONES DES HÉRACLIDES (a).

Nous avons laissé les deux Héraclides, ARÉTAS I & EUDAMIDAS sur le trône de Lacédémone (b), lorsque nous avons quitté cette République, qui n'était plus

(a) Nous ne citerons plus nos autorités, parce qu'ici les grandes histoires nous manquent : il ne nous reste plus qu'à glaner dans des fragmens d'Ecrivains peu authentiques, ou à rapprocher quelques textes épars dans Diodore, Polybe, Tite-Live, Plutarque & Pausanias.

(b) *Hist. de la Grèce*, tome VI, page 320.

que l'ombre d'elle même, pour nous occuper de Puiſſances dominantes, telles que Thèbes, la Sicile & la Macédoine. Arétas ne commença à régner qu'après la mort d'Alexandre. Ce Prince trouva un concurrent ſur les marches du trône. C'était ſon oncle Cléonyme, qui, obligé de céder à la volonté de la Nation, alla en Epire ſoulever Pyrrhus contre ſon nouveau Souverain. Pyrrhus, qui n'attendait qu'un prétexte pour parler à la Grèce en Souverain, menaça Lacédémone d'une invaſion, ſi elle ne couronnait pas Cléonyme; & c'eſt alors que la ville de Lycurgue, (qui l'était encore quelques momens) répondit par la bouche de ſon Ambaſſadeur Dercyllidas : *Si Pyrrhus eſt un Dieu, nous ne le craignons pas, parce que nous avons une Religion; s'il n'eſt qu'un homme, il ne peut nous faire trembler, puiſqu'il nous reſſemble.*

Cependant, Lacédémone ne ſoutint pas ſur les champs de bataille la vigueur de cette réponſe. Elle fut vaincue &

assiégée ; & si le Héros de l'Epire ne l'avait pas laissé respirer un moment, pour s'aller faire tuer dans Argos, c'en était fait de la République, de ses Ephores, & de ses Héraclides.

On voit, à cette époque, quatre Rois dans les deux Dynasties des Héraclides, qui ne fournissent que des noms stériles à l'Histoire (a). Ce sont, ACROTATOS I & ARÉTAS II sur le trône des Agides, & ARCHIDAME IV avec EUDAMIDAS II sur celui des Proclides. LÉONIDAS III, qui remplaça ARÉTAS II, est un peu plus digne de nos crayons.

Léonidas avait été élevé à la Cour des Séleucides, & y avait puisé un amour du luxe, très-incompatible avec les institutions austères de Lycurgue. Appellé

(a) Le Tableau chronologique de leurs règnes, ainsi que de ceux de leurs successeurs, jusqu'à la mort des Héraclides, se trouve à la fin du Tome XII de cette Histoire, à la suite des Fastes de la Grèce.

dans ſa Patrie pour y régner, il voulut la corrompre ; & la République, ſoulevée par les Ephores, lui fit ſon procès. Cléombrote, ſon gendre, ſe joignit aux mécontens, guidé par ſon ambition bien plus que par ſon patriotiſme. Alors ce Monarque, qui craignait le ſort terrible de Pauſanias, un de ſes prédéceſſeurs, ſe ſauva, accompagné de ſa fille, qui aima encore mieux être malheureuſe avec ſon père, que de régner avec ſon époux.

Cléombrote II ſe ſoutint quelque tems au milieu des orages, grace à la prudence d'Agis III, ſon collègue, & à la haine que les vieux Patriotes conſervaient contre les corrupteurs des Loix. Mais comme la faction la plus nombreuſe était ſans caractère, & par conſéquent aiſée à pervertir, on commença par regretter Léonidas, & on finit par le rappeller. Au moment de la révolution, les deux Rois cherchèrent un aſyle dans le temple de Minerve. Cléombrote fut exilé ; pour Agis, on le tira par artifice de l'édifice sacré où il s'était réfugié, & on le condamna à mort. On ne pouvait reprocher d'autre crime à cet infortuné, que d'avoir voulu rétablir les loix de Lycurgue. Mais quand les mœurs générales sont dépravées, on n'est jamais impunément au-dessus de son siècle. Comme on conduisait ce Prince à l'échafaud, il vit pleurer un des satellites de la tyrannie : *Mon ami*, lui dit-il, *ne pleure pas sur moi ; ma conscience est pure, & je suis plus heureux que ceux qui me condamnent.* Cet Agis méritait de régner avec le Léonidas qui mourut aux Thermopyles.

Le Léonidas, assassin d'Agis, laissa sa couronne en mourant à CLÉOMÈNE III, qui, pour empêcher les Ephores d'attenter davantage à la personne des Rois, les fit tous assassiner, à l'exception d'un seul, bannit quatre-vingt des principaux Citoyens, & le lendemain de cette tragédie terrible rétablit la communauté de biens, & toutes les institutions vigoureuses de Lycurgue. Comme la mort d'EURYDAME, qui avait remplacé obscurément le dernier martyr des Loix, avait laissé vacant le trône des Proclides, Cléomène, pour rassurer ses concitoyens sur son despotisme, y plaça EPICLIDAS son frère. Il se mesura ensuite avec succès contre le célèbre Aratus, & contre les Ptolémées; s'empara d'une partie du Péloponèse, & entoura ainsi de quelques rayons de gloire le tombeau de Lacédémone.

La bataille de Sélasie que Cléomène perdit contre Antigone, Roi de Macédoine, fit ses malheurs & ceux de sa Patrie. Ce Prince ayant demandé un asyle aux Ptolémées, l'un d'eux le fit jetter dans un cachot. Douze de ses amis tentèrent de le dérober à tant d'opprobre; mais le complot n'ayant pas réussi, ils furent obligés de s'entretuer. Le soir même on massacra la mère de l'infortuné Monarque, & on exposa le cadavre du vainqueur d'Aratus ſur une croix.

Antigone, après la fuite de Cléomène, avait marché vers Sparte, & s'en était emparé. Cette République reſta ſous le joug de la Macédoine, juſqu'à ce que les Etoliens firent une ligue avec elle, & engagèrent ſes Ephores à élire deux nouveaux Rois. Le choix tomba ſur AGÉSIPOLIS III, petit-fils de Cléombrote exilé par Léonidas, & ſur LYCURGUE II. Ce dernier, dont la naiſſance était ſuſpecte, fut obligé de donner un talent à chacun des Ephores, pour ſe faire reconnaître en qualité d'Héraclide. A peine commençait-il à jouir du pouvoir ſuprême, qu'il crut au-deſſous de ſon génie de le partager. Il bannit le jeune Agéſipolis ſon collègue, & fut lui même la victime d'une autre révolution. Son règne ne fut que de quelques mois. Sparte, après lui, redevint une Province de la Macédoine. Il eſt très-ſingulier que cette fameuſe République, ayant proprement commencé à un Lycurgue, se soit éteinte sous le seul de ses Princes qui ait osé porter le même nom. La mort d'Agésipolis III & de Lycurgue II, amena l'extinction des deux Dynasties royales des Héraclides; évènement qui tombe à l'an 136; de l'Ere de Paros, c'est-à-dire, (à un an près) vingt siècles avant l'époque où nous écrivons cette Histoire.

Un Tyran, nommé Machanidas, secoua ensuite, au nom de sa Patrie, le joug de ses Maîtres, & se fit Souverain dans la ville qu'il venait de rendre libre. Mais Philopémen, Général des Achéens, à qui son ambition portait ombrage, le combattit, & le renversa mort sur le champ de bataille.

Lacédémone, en voyant tomber son Tyran, vit la tyrannie lui survivre. Un scélérat, nommé Nabis; dont l'ame était pétrie de fiel & de sang, comme celle des Phalaris & des Néron, s'empara à main armée du pouvoir suprême, & le conserva à force de violences. Le cri des opprimés parvint enfin jusqu'à Philopémen, l'ennemi né des Tyrans. Nabis fut massacré, & son pays sans Souverain fit partie de la Ligue Achéenne, jusqu'à ce que Rome engloutit & la Métropole, & les Provinces dans ses vastes conquêtes.

D'ATHÈNES, JUSQU'A CE QU'ELLE FASSE PARTIE DU MONDE ROMAIN.

Athènes fit éclater à la nouvelle de la mort d'Alexandre une joie puérile, qui trahiſſait ſa foibleſſe. Antipater le ſut, & vint à la tête d'une armée, venger la mémoire du Héros de la Macédoine. Après une bataille, où les Athéniens ne perdirent cependant que cinq cents hommes, ce peuple auſſi découragé qu'après les vingt-ſept ans de la guerre du Péloponèſe, reçut garniſon Macédonienne dans ſes ports, & ſe fit tributaire de ſes vainqueurs.

Athènes alors n'avait que deux Héros

pour la défendre. L'un, avec ſa plume; l'autre, avec ſon épée. Nous avons vu quelle fut leur deſtinée. Démoſthène s'empoiſonna, pour ne point tomber entre les mains des ſatellites d'Antipater; & Phocion, bien plus malheureux, parce que ſes derniers regards ne ſe tournèrent que ſur une Patrie ingrate, condamné à mort par le peuple, dont il avait été la gloire quarante ans, entra dans un cachot, pour y ſubir le ſupplice de Socrate.

Dans l'intervalle de la mort de ces deux grands hommes, l'Orateur Démade, qui avait tant de fois fait ſervir ſon éloquence vénale pour la cauſe des Tyrans, avait péri d'une manière tragique, mais ſans qu'aucun regret vînt honorer ſa mémoire. Il entretenait à la fois une correſpondance criminelle avec Perdiccas & avec Antipater. Ce dernier, inſtruit par une lettre interceptée, qu'on le trahiſſait, ordonna que le fils de l'Orateur fût égorgé en préſence de ſon père, & de manière que ſon ſang rejaillît ſur lui, enſuite il l'envoya lui-même au ſupplice.

Caſſandre, ſucceſſeur d'Antipater, appeſantit encore le joug d'Athènes, en mettant garniſon dans ſa citadelle. Heureuſement, Démétrius de Phalère, qu'il nomma ſon Vice-Roi, était ennemi du ſang; il trai[illegible] ſes concitoyens avec douceur, & d[illegible] leurs chaînes, ne pouvant les briſer. Les Athéniens, adulateurs juſques dans la reconnoiſſance la plus légitime, lui érigèrent à-la-fois, dans leurs temples & dans leurs édifices publics, juſqu'à trois cents ſtatues.

Démétrius, pendant ſon gouvernement, embellit la ville d'un grand nombre d'édifices magnifiques; il encouragea les Arts, & ſur-tout la Sculpture. Une tradition (vague, il eſt vrai,) rapporte, à cette époque, une des belles ſtatues du ſiècle d'Alexandre, que Rome moderne conſerve parmi ſes monumens. C'eſt la Vénus ſortant des eaux, qui ſoutient, à quelques égards, le parallèle avec la fameuse Vénus de Médicis.

Démétrius Poliocerte vint délivrer les Athéniens du joug de Cassandre, & c'est alors qu'on vit dans tout son jour la bassesse de ce peuple, qui n'avait plus que les vertus des esclaves : ils firent l'apothéose du Prince & d'Antigone son père, instituèrent un culte en leur honneur, & voulurent que le nom du Pontife de cette Religion nouvelle fût substitué à celui de l'Archonte, pour désigner l'année politique. En même tems, on traîna dans la fange les statues mutilées de Démétrius de Phalère, & non contens de condamner à mort ce grand homme, on envoya, sous le sceau de l'autorité publique, des satellites pour l'assassiner.

Le libérateur d'Athènes fut, quelque tems après, défait par les successeurs d'Alexandre, dans une bataille où son père perdit la vie, & on lui refusa un asyle dans cette même ville, où on lui avait institué un culte comme à un Dieu tutélaire. Il vint avec une armée au pied de ſes remparts, s'en fit ouvrir les portes, & logea ſes ſoldats au Pyrée, & dans la citadelle. On ſe doute bien que les adulations de ce peuple dégradé, recommencèrent avec plus de force que jamais. Démétrius eſſuya de nouveaux revers, alors on renverſa de nouveau ſes ſtatues ; on dégrada ſon grand Pontife, & on anéantit ſa Religion.

Athènes, depuis ce moment, n'a aucune exiſtence juſqu'à Aratus, un des Héros de la Ligue Achéenne, qui vint dérober cette ville au joug Macédonien, vers le commencement de la cent trente deuxième Olympiade.

La mauvaiſe politique de cette ville, qui lui fit épouſer la querelle de Mithridate, l'entraîna dans le déſaſtre de ce fameux ennemi du nom Romain. Sylla ſe préſenta devant ſes remparts ; & comme le ſiége traînait en longueur, il dépouilla les temples de Delphes & d'Epidaure, pour payer ſes ſoldats. Après une réſiſtance aſſez longue, qu'on ne devait pas attendre d'une ville, qui, depuis tant d'années ſe ſurvivait à elle-même, le Général Romain entra par la brèche, dans la patrie des Thémiſtocle & des Phocion, la livra au pillage, & permit au ſoldat effréné de paſſer au fil de l'épée juſqu'aux vieillards & aux femmes; la nuit ſeule mit fin au carnage. Le vainqueur féroce, en proſcrivant les hommes, avait fait grace aux édifices.

Athènes, ſoumiſe à Sylla, ſubit encore diverſes révolutions; mais elles tiennent à l'hiſtoire de Rome. Cette ville avait joui d'une ombre de liberté pendant un peu plus d'un ſiècle & demi; & ſon déſaſtre, ſous le fameux Dictateur Romain, tombe à l'an 1496 de l'Ere de Paros, qui répond à la troiſième de la cent ſoixante & treizième Olympiade.

DE

LA LIGUE ACHÉENNE.

SI quelque chose peut nous consoler de la vieillesse de la Grèce, c'est la Ligue Achéenne, qui offre encore quelques traces de génie & de courage, au milieu des ruines des Républiques du Péloponèse, & qui, par la résistance que ses Héros opposent à ceux de Rome, retarde peut-être d'un demi-siècle l'esclavage du monde.

L'Achaïe n'est qu'une petite bande de terre, qui s'étend le long du golfe de Corinthe. Elle secoua de bonne heure le joug des Rois, pour former une République fédérative. Tous les peuples qui entrèrent dans la Ligue, quoiqu'indépendans les uns des autres, eurent la même monnaie, les mêmes mesures, & les mêmes loix ; on aurait pris l'Achaïe entière pour une ſeule ville ; grace à cette concorde admirable, elle fut heureuſe, mais obſcurément, depuis l'expulſion d'un Gygès, qui a pu être contemporain des premiers Héraclides, juſqu'à l'expédition brillante de Pyrrhus en Italie.

A cette époque, pendant que le patriotiſme s'éteignait dans le cœur du reſte des Grecs, il ſe ralluma avec plus d'activité que jamais dans celui des Achéens. On forma une nouvelle Ligue, dont Ægium, ville de Macédoine, qui avait ſecoué le joug des ſucceſſeurs d'Alexandre, devint la métropole. Vingt-cinq ans après, Aratus y fit entrer Sicyone ſa patrie, Mégare & Corinthe ; & bientôt les Tyrans de Trézène, de Mégalopolis, d'Epidaure, d'Argos & d'Hermione, s'étant démis du pouvoir ſouverain, à condition qu'on oublierait qu'ils l'avaient uſurpé, toutes ces villes furent admiſes dans la nouvelle Alliance.

Les peuples du Péloponèſe, qui ne

composaient pas la République fédérative, regardèrent ses succès d'un œil jaloux : les Etoliens se réunirent aux Spartiates, (qui alors ne l'étaient plus que de nom) & la guerre se déclara. Les premiers évènemens ne furent pas favorables à la Ligue Achéenne, malgré le génie d'Aratus, qui en dirigeait tous les mouvemens ; mais ce Héros appella dans le Péloponèse Antigone, Roi de Macédoine, & cette diversion plus utile qu'honorable au Héros de Sicyone, empêcha l'Achaïe de subir le joug de Lacédémone.

Antigone gagna la bataille de Sélasie, entra en triomphe dans Argos, où se tenaient les Etats Généraux de l'Achaïe, & s'en fit déclarer le Protecteur. Sa mort, qui arriva peu de tems aprés, l'empêcha de donner ses loix au peuple libre, qui avait eu la faiblesse de s'en laisser protéger.

Les Etoliens, après la défaite de Lacédémone, ne se découragèrent pas ; ils formèrent, de leur côté, une Ligue pareille à celle de l'Achaïe, & presqu'aussi formidable. L'idée d'abattre une Puissance rivale, leur donna un moment cette énergie, qui fait faire de grandes choses aux peuples, qui ont un caractère : ils vainquirent Aratus à Caphyes, pillèrent la campagne de Sicyone, & menacèrent d'envahir tout le Péloponèse. La Macédoine intervint encore dans cette querelle, & l'Achaïe fut sauvée une seconde fois.

Aratus, le restaurateur de la République Achéenne, mourut avant que la guerre avec l'Etolie fût terminée. Mais Philopémen, en succédant à ses dignités, succéda à sa gloire. Ses victoires amenèrent enfin une paix honorable pour sa patrie, & les Achéens furent reconnus comme la Puissance prépondérante de la Grèce.

A peine cette supériorité de la Ligue Achéenne commençait-elle à s'affermir, que Rome vint se heurter contre la Macédoine; les Achéens prirent parti contre cette dernière Puissance, & l'évènement justifia leur politique; car ils défirent le Roi Philippe à la bataille de Cynocéphale.

Rome, pour récompenser ses Alliés, qui l'avaient aidée à triompher de la Macédoine, déclara toute la Grèce libre. Celle ci eut la faiblesse de se croire telle, parce qu'un Proconsul le lui annonçait solemnellement aux Jeux Isthmiques; & par reconnoissance, elle racheta environ douze mille Romains vendus par Annibal, & semés sur les côtes du Péloponèse.

Philopémen, après le départ de l'armée Romaine, continua le cours de ses exploits; il délivra Lacédémone de la tyrannie de Nabis, & la fit entrer dans l'alliance de sa République. Cette ville fut ingrate; elle osa violer la foi des Traités; & son libérateur, indigné, rasa ses murailles, & la força de renoncer à la législation de Lycurgue, qui avait fait pendant ſept cents ans ſa gloire, & celle du Péloponèſe.

Tous les Princes de l'Orient, à cette époque, recherchèrent l'amitié des Achéens, & Rome en fut jalouſe. Quand Philopémen, qu'on appella le dernier des Grecs, comme Brutus fut appellé dans la ſuite le dernier des Romains, eut terminé ſa carrière, cette République chercha, dans ſon génie deſtructeur, des prétextes pour anéantir une Ligue qui lui fermait l'entrée de l'Aſie, & elle ne réuſſit que trop bien au gré de ſon machiavéliſme ; mais avant d'en venir à ce dernier chapitre des annales de la Grèce, nous devons quelques lignes à la mémoire des deux grands hommes, qui ont retardé ſa longue décadence.

HISTOIRE D'ARATUS (*a*).

Aratus naquit à Sicyone, dans des tems de troubles & de factions, où cette ville, peu faite à la liberté, n'en usait que pour se déchirer elle-même : il se trouva proscrit dès l'âge de sept ans, & ne sembla échapper à la mort, que par cette étoile particulière, qui force toujours les grands hommes à remplir leur destinée. Il n'avait pas encore vingt ans, que quittant Argos à la tête d'un petit nombre de guerriers d'élite, il vint délivrer sa Patrie du joug de ses Tyrans. Cette révolution est une des plus extraordinaires de l'antiquité, en ce que, malgré la résistance des gardes, malgré les cris de fureur du peuple, malgré l'in-

(*a*) *Plutarch.* in Arat. *Polyb.* lib. 4.

cendie & le pillage du Palais du Despote, il n'y eut pas une seule goutte de sang répandu. Voilà un des effets de la douce Philosophie de Socrate, adoptée à cette époque, par tous les bons esprits du Péloponèse.

Aratus, pour cimenter l'indépendance de Sicyone, la fit entrer dans la Ligue des Achéens, dont il fut nommé Capitaine-Général dix-sept fois, toujours avec l'acclamation générale, parce qu'il joignait l'intégrité aux lumières, & que tous ses plans étaient marqués du sceau du bien public, quoique la fortune lui enviât souvent la gloire de les exécuter (*a*).

(*a*) Cette contradiction apparente est expliquée par un texte de Polybe, qu'on me saura gré de transcrire.

» Aratus était un homme accompli pour l'ex-
» périence dans les affaires, car il parlait bien,
» imaginait encore mieux, & couvrait, du
» secret le plus profond, toutes ses entreprises.

Un des exploits qui fit le plus d'honneur à Aratus dans l'esprit des Grecs, fut la prise de Corinthe, qu'il enleva à Antigone pour la réunir à la Ligue Achéenne ; il n'eut besoin que de soixante talens & de quatre cents hommes, pour s'emparer d'une Place, qui pouvait défier une armée Romaine, & toutes les machines de Poliocerte.

Aratus, l'ennemi né de tous les Ty-

» Il ne cédait à personne dans l'art de créer des » amis à sa patrie, & de lui procurer de nou- » velles alliances. Personne aussi ne conduisait » mieux un plan d'opérations militaires, ne » tendait des piéges plus adroits à la vigilance » d'un ennemi, ne conduisait à une plus heu- » reuse fin les expéditions qui demandent de la » patience. D'un autre côté, le même Aratus, » toutes les fois qu'il était question d'agir à dé- » couvert, était lent à former des plans, & » timide à les exécuter; en présence de l'ennemi, » il semblait ne soutenir qu'avec peine la vue » du danger : de-là vient que le Péloponèse a » été rempli des trophées de sa défaite «.

rans, délivra Argos du joug d'Ariſtippe, & engagea Lyſiade à rendre la liberté a Mégalopolis, mais il échoua long-tems dans ſes entrepriſes, pour faire recouvrer, à Athènes, ſon indépendance; il fut auſſi très-malheureux dans les guerres, auſſi longues que cruelles, qu'il ſoutint contre Lacédémone. Cléomène, un des Héraclides, le vainquit en pluſieurs rencontres, cependant ſans lui ôter ſa renommée.

Ce Cléomène avait l'ambition d'être nommé Capitaine-Général de la ligue Achéenne; il fit offrir, à Aratus, une penſion de douze talens (ſoixante-cinq mille livres de notre monnaie), s'il voulait le ſeconder dans ſes vues : le héros répondit *qu'il ne gouvernait pas les affaires, mais que les affaires le gouvernaient*, & la négociation échoua. Le Roi ſe vengea, en faiſant le ſiége de Sicyone. Alors Aratus, qui avait épuiſé toutes les reſſources de ſon génie, voyant ſa patrie aux abois, appella Antigone dans le Péloponèse, & lui remit sa citadelle.

Antigone vainquit Cléomène à Sélasie, & avec lui toute la Grèce, qui ne se releva plus de son abâtardissement, jusqu'à ce que Rome l'engloutit dans ses conquêtes.

Aratus avait rendu assez de services aux Rois de Macédoine, pour attendre d'eux quelque reconnaissance. Mais le Despote qu'on oblige, croit qu'on ne fait qu'acquitter une dette. Philippe, successeur d'Antigone, commença par corrompre la belle-fille du Héros de Sicyone; ensuite, il se fit le Tyran des villes Grecques dont on l'avait nommé Protecteur; enfin, il attenta à la vie du grand homme, sans lequel les armes de la Macédoine n'auraient jamais pénétré dans le Péloponèse.

Ce fut un des amis intimes du Prince qui fut chargé de le servir dans ses perfidies. Ce scélérat, aux gages d'un autre, s'insinua dans la confiance d'Aratus, &,

à l'ombre des services sacrés de l'hospitalité, il mit du poison dans un de ses breuvages : ce poison, modifié par des mains industrieuses, n'avait point cette violence qui décèle le crime ; il n'alluma, dans les veines du héros, qu'un feu lent, qui le mina peu à peu, jusqu'à ce que son corps parut naturellement se dissoudre. L'infortuné s'apperçut, dès le principe, qu'il était la victime de Philippe ; mais comme le mal était sans remède, il n'exhala point son indignation en vains murmures ; seulement un jour qu'il vomissait du sang, & que l'ami de son cœur le soutenait dans sa défaillance, faisant allusion à la faveur perfide dont les Souverains de la Macédoine l'avaient fait jouir, il dit, avec une émotion concentrée : *Tu le vois, homme sensible : voilà le fruit de l'amitié des Rois.* Aratus mourut étant, pour la dix-septième fois, Capitaine-Général des Achéens, & Sicyone lui fit une espèce d'apothéose.

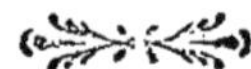

HISTOIRE

HISTOIRE DE PHILOPÉMEN (a).

PHILOPÉMEN, en qui s'éteignit la race des grands hommes de la Grèce, naquit à Mégalopolis, & se proposa, de bonne heure, Epaminondas pour modèle. La Laconie fut le théâtre de ses premiers exploits; sa patrie l'envoyait, avec les jeunes gens de son âge, faire des courses dans cette contrée ennemie, & l'Histoire observe qu'il était toujours le premier, quand il s'agissait de marcher, & le dernier, quand il fallait faire retraite. Au reste, ces petites expéditions consistaient, d'ordinaire, à brûler quelques

(a) *Plutarch.* in Philopemen.

chaumières, à emmener quelques troupeaux, & à faire des esclaves.

Mégalopolis fut, de tout tems, l'ennemie née de Lacédémone, & Philopémen, persuadé que pour vaincre des Spartiates, il fallait l'être soi-même, adopta de bonne heure les institutions mâles & austères de Lycurgue. A la pointe du jour, il allait labourer un champ qu'il avait à vingt stades de Mégalopolis; il revenait ensuite à la ville s'instruire des affaires publiques; l'après midi, il tâchait de rendre son corps léger & robuste, à la chasse ou dans les gymnases, prenait un repas frugal, & passait la nuit sur une natte de roseaux, comme le dernier de ses esclaves.

Philopémen entrait dans sa trentième année, quand Cléomène, Roi de Lacédémone, se présenta, à l'improviste, au milieu d'une nuit orageuse, aux pieds des murs de Mégalopolis, égorgea les sentinelles, pénétra dans la ville, & s'empara de la place publique, où il rangea ſes troupes en bataille. Le héros accourut, à la tête de quelques ſoldats d'élite, & fit une réſiſtance ſi longue & ſi vigoureuſe, qu'il donna le tems à tous ſes concitoyens d'abandonner leur ville. Quand il ſuppoſa Mégalopolis entièrement déſerte, il ſe retira lui-même le dernier, couvert de bleſſures, & ayant eu pluſieurs chevaux tués ſous lui.

Philopémen ſervait dans l'armée d'Antigone, à la bataille de Sélaſie, & c'eſt au génie de ce héros, ainſi qu'à ſa valeur, que le Roi de Macédoine dut ſa victoire.

Ce grand homme était Général de la cavalerie Achéenne, quand Damophante, qui commandait les troupes de l'Elide & de l'Etolie, vint, au commencement d'une action, le provoquer perſonnellement au combat. La lutte ne fut pas longue. Philopémen, qui, dans un corps ſans apparence, cachait l'ame & la vigueur d'Alcide, perça ſon ennemi de ſa javeline, & le renverſa mort aux pieds de ſon cheval; ce ſuccès encouragea ſes ſoldats, & leur valut une grande victoire.

Un des exploits les plus glorieux de Philopémen, eſt le combat qu'il livra, avec des forces inégales, à Machanidas, Tyran de Lacédémone; il mit ſon armée en déroute, & le tua lui-même. Les Achéens, par reconnaiſſance, lui érigèrent une ſtatue de bronze, qu'ils placèrent, à Delphes, dans le temple d'Apollon.

Cette époque eſt celle d'une anecdote d'autant plus précieuſe, qu'elle peint toute la naïveté des mœurs antiques, dans un ſiècle où on commençait à en rougir. Philopémen devait loger chez une Mégarienne, qui ne le connaiſſait que par ſa renommée : cette femme, inſtruite de l'approche du vainqueur de Machanidas, ſe tourmentait, pendant l'abſence de ſon mari, pour lui préparer à ſouper. En ce moment, le héros arrive, enveloppé d'une bure groſſière; la Mégarienne le prend pour un eſclave qui vient préparer le logement de Philopémen, &

le prie de lui aider dans son ménage ; le héros sourit, jette son manteau, & s'occupe à fendre du bois. Sur ces entrefaites, l'époux revient, reconnaît le Général des Grecs, & tombe à ses genoux : *Relève-toi*, lui dit Philopémen, *la méprise de ta femme ne saurait me blesser, il est juste que je porte la peine de ma mauvaise mine.*

L'assemblée des Grecs fut plus juste que la citoyenne de Mégare. On célébrait les Jeux Néméens, & Philopémen, après avoir fait manœuvrer sa phalange, aux yeux de sa Nation, se présenta, à la tête de cette jeunesse brillante, au concours de Musique. Le hasard voulut qu'au moment où il parut sur le théâtre, le Musicien chantait, sur sa lyre, une hymne de Timothée. Quand il en vint à ces vers,

Grace à ce héros redouté,
Grecs, levez vos têtes altières,
Il pose, dans vos mains guerrières,
Les palmes de la liberté.

tous les Grecs tournèrent, sur Philopémen, leurs regards attendris, & témoignèrent, par l'ivresse de leurs applaudissemens, combien il sentaient la justesse de l'allusion. Après un trait aussi flatteur de l'estime publique, il faut mourir, ou justifier à sa nation qu'on est un grand homme.

Philopémen, peu après son triomphe aux Jeux Néméens, fut sur le point de mourir; Philippe, Roi de Macédoine, qui désespérait de subjuguer le Péloponèse, tant que ce héros respirerait, envoya secrettement des scélérats pour l'assassiner; heureusement la trame fut découverte, & Philippe devint l'horreur de toute la Grèce.

Philopémen continua à marcher, à pas de géant, dans la carrière des grands hommes; il força Lacédémone à entrer dans la confédération Achéenne, & cette ville lui ayant envoyé cent vingt talens, qui provenaient de la vente des biens de Nabis, le dernier de ses Tyrans, il les refusa, disant que *les Spartiates devaient garder leur argent, pour gagner l'ambitieux qui cherchait à leur nuire, sans s'avilir à corrompre l'homme de bien.*

Lacédémone, dans la suite, ramenée à des conseils perfides, par des artisans des discordes publiques, viola la foi de ses sermens, & chercha à détacher, de la ligue Achéenne, une partie du Péloponèse; Philopémen outré, se rendit à Sparte, fit mourir quatre-vingts séditieux qui y dominaient, rasa ses murailles, & abolit les institutions de Lycurgue: cette rigueur, qu'une politique cruelle justifie, a fait tort à Philopémen dans l'esprit des Philosophes.

Philopémen ne fut que trop puni d'avoir fait entrer la haine dans la vengeance publique: » Le Ciel, dit le bon Plutarque, le fit tomber, au bout de sa course, comme un Athlète qui, ayant fourni sa carrière avec gloire, tombe au pied de la borne «. Il avait soixante & dix ans, & venait d'être élu, pour la huitième fois, Général des Achéens.

Dinocrate, ſon ennemi perſonnel, détacha Meſsène de la ligue, & commença des hoſtilités. Philopémen vint à ſa rencontre, malgré une fièvre violente, & le battit; mais, au retour de cette expédition, il tomba preſque ſeul dans une embuſcade de cinq cents chevaux, & fut fait priſonnier. Les ſatellites de Dinocrate, à qui le Tyran avait inſpiré toute ſa férocité, chargèrent de chaînes ce grand homme, & le conduiſirent, avec une pompe inſultante, dans Meſsène, pour le faire mourir.

Il y avait, dans Meſsène, un ſouterrein ſans porte, & ne recevant de jour que par une ouverture, qu'on fermait avec un débris de rocher. C'eſt-là où on jetta Philopémen, pendant que ſes ennemis délibéraient ſur le genre de ſon ſupplice.

Cependant, une conſternation générale était répandue chez les Achéens; l'idée d'avoir laiſſé enlever leur Général, pendant qu'eux-mêmes reſpiraient encore, les accablait ; ils ſe hâtent d'envoyer une ambaſſade ſolemnelle à Meſſène, pour redemander le héros de la Grèce, menaçant d'exterminer la nation, ſi on oſait attenter ſur ſa perſonne.

D'un autre côté, les Meſſéniens, tout irrités qu'ils étaient contre Philopémen, quand ils virent ce vieillard vénérable, qui avait rempli le Péloponèſe des trophées de ſa gloire, & dont l'Europe entière ne prononçait le nom qu'avec reſpect, quand ils le virent, dis-je, chargé de chaînes, & confondu avec les ſcélérats qu'on deſtine à l'échaffaut, ſentirent ſuccéder dans leurs cœurs, au ſentiment pénible de la haine, celui de la pitié. Déja les murmures éclataient de toutes parts, une révolution ſe formait, en ſilence, en faveur de l'infortuné Philopémen ; mais l'infâme Dinocrate, qui vit que ſa victime était ſur le point de lui échapper, vint, à l'entrée de la nuit, dans la priſon, l'ouvrit, & y fit deſcendre l'Exécuteur, avec une coupe de ciguë, lui enjoignant de rester auprès du prisonnier, jusqu'à ce qu'il ne fût plus.

Philopémen, en ce moment, était couché sur son manteau, l'esprit en proie aux idées sinistres qui l'obsédaient. A la vue de ce satellite, qui s'approchait à regret, tenant une lampe d'une main, & une coupe de l'autre, il connut toute l'horreur de sa destinée; mais l'homme juste, qui sait vivre, sait mourir. Il se mit sur son séant, malgré son extrême faiblesse, & prenant la coupe avec assurance: *Mon ami*, dit-il à l'Exécuteur, *le brave Lycortas & tous mes guerriers partagent-ils mon sort?* On lui répondit que lui seul était entre les mains de ses ennemis; *eh bien*, ajouta-t-il, *je suis moins malheureux que je ne croyais, & je meurs content*: à ces mots, il porte à sa bouche le breuvage fatal, & l'avale d'un seul trait. L'effet du poison fut prompt, à cause de l'abattement du héros, & à peine s'était-il recouché sur son manteau, qu'il s'éteignit.

A peine le bruit du ſupplice de Philopémen s'était-il répandu chez les Achéens, que tous ceux qui étaient en état de porter les armes s'aſſemblèrent à Mégalopolis, pour tirer une vengeance éclatante d'un tel attentat. Ce fut Lycortas, père de Polybe l'Hiſtorien, qui fut nommé Général; il mena, à l'inſtant, l'armée de héros, qui était ſous ſes ordres, dans la campagne de Meſsène, & y mit tout à feu & à ſang; la Capitale épouvantée, ouvrit ſes portes, & Dinocrate prévint, en ſe tuant lui-même, l'opprobre de ſon ſupplice.

Cette journée terrible ſe termina par de pompeuſes funérailles, que les vengeurs de Philopémen firent à ce héros: on regrette ſeulement qu'ils aient déshonoré leur victoire, en faiſant lapider, autour de l'urne qui renfermait ſa cendre, les priſonniers de Meſsène.

Après Philopémen, il n'y a plus de héros dans la Grèce, & nous ne devons

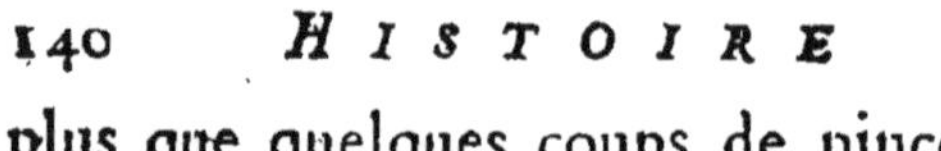

plus que quelques coups de pinceau au tableau de ſa décadence.

PRISE ET INCENDIE DE CORYNTHE,

QUI ENTRAINE LA DESTRUCTION DE LA LIGUE ACHÉENNE, ET L'ESCLAVAGE DE LA GRÈCE ENTIÈRE (a).

ROME, qui craignait de rencontrer le Génie de Philopémen ſur la route de ſes conquêtes, attendit que ce héros ne fût plus pour ſubjuguer la Grèce. Ce fut la

(a) *Tit.-Liv.* lib. 45 ; *Polyb.* in Legat. ; *Pauſan.* in Achaïc.

défaite de Perſée, Roi de Macédoine, qui ſervit de prétexte à l'invaſion. Les premières hoſtilités commencèrent dans le ſein de la paix. Le Sénat nomma un conſeil de dix Commiſſaires, qui eut ordre d'exterminer à-la-fois, dans les villes Grecques, la faction qui avait épouſé les intérêts de Perſée, & celle qui s'était contenue dans les bornes de la neutralité : cette Commiſſion remplit, par ſa férocité, l'attente des Tyrans du monde; elle cita tous les chefs de la confédération Achéenne, au nombre de mille, à comparaître devant le Sénat de Rome, & quand ces infortunés eurent paſſé les mers, les hommes, qui s'étaient arrogé le droit de les juger, ne voulurent pas les entendre, & les exilèrent en différentes villes de l'Italie, où ils reſtèrent dix-ſept ans, en vertu de leur effroyable droit des gens, que l'Univers ne connut qu'au moment où il fut ſubjugué.

Lorſque la ſentence d'exil fut révoquée, les Achéens n'étaient plus que trois cents. Les autres étaient morts de misère & de chagrin; quelques-uns mêmes avaient été traînés sur l'échaffaut, pour avoir entrepris de retourner dans le Péloponèse : c'est dans cet état de détresse où se trouvait la Grèce, que Rome frappa les derniers coups, pour anéantir son indépendance. Un Ambassadeur vint parler, en maître, aux Etats-Généraux de l'Achaye, & leur déclara que le bon plaisir de Rome était que Corynthe, Lacédémone, Argos, Héraclée & Orchomène se détachassent de la ligue, pour se gouverner suivant leurs propres loix. C'était renverser par sa base le dernier monument de la liberté Grecque. Les Achéens le sentirent, il y eut un soulèvement général, les Romains furent insultés, & la guerre commença.

La cause la plus juste, comme il arrive d'ordinaire, fut la plus malheureuse. Métellus défit, en plusieurs rencontres, les Achéens, s'empara de leurs villes du second ordre, & ne laissa guères, après lui, que Corynthe à prendre, pour servir d'aliment à la valeur de Mummius.

Mummius, arrivé en Grèce, livra une bataille mémorable, dans les plaines de Leucopétra, à l'armée Achéenne, la vainquit, & fit un si grand carnage des soldats fugitifs, que, s'il en faut croire les Historiens, on vit teintes de sang les eaux des deux mers que sépare l'isthme de Corynthe.

Dicæus, qui, à cette époque, avait, sinon le génie, du moins la place des Aratus & des Philopémen, ne put survivre à sa défaite; tout entier à son désespoir, il courut à Mégalopolis, qui l'avait vu naître, mit le feu à sa maison, égorgea sa femme, & s'empoisonna, pour ne point être attaché au char de triomphe de Mummius.

Corynthe, sans Général, & presque sans soldats, ne fit aucune résistance, les portes restèrent ouvertes, & le Consul y entra à la tête de son armée. Il semblait qu'une ville qui se livrait ainsi à la discrétion du Conquérant, ne devait point subir les désastres qu'entraîne l'affreux droit de la guerre; mais Mummius ne fut ni juste, ni généreux. Il fit passer au fil de l'épée tous les Corynthiens en état de porter les armes, & ordonna qu'on vendît les femmes & les enfans en qualité d'esclaves. Après cette atrocité, dont les ames de sang des Historiens Romains se révoltent à peine, Corynthe fut abandonnée au pillage.

Corynthe, à cette époque, le disputait, par sa magnificence, aux anciennes métropoles de l'Asie : elle était aussi le sanctuaire des arts, & le dépôt des plus précieux monumens de peinture & de sculpture que produisit le beau siècle d'Alexandre; mais rien n'égalait l'ignorance des Romains, si ce n'est leur férocité; on aurait pris le Général & les soldats pour des barbares du tems de Romulus : aussi, après avoir fait la guerre aux hommes, ils la firent aux arts & aux édifices. On peut juger du goût des destructeurs de Corynthe, par quelques anecdotes que l'Hiſtoire nous a conſervées.

Il y avait, dans cette métropole de l'Achaye, un tableau d'Ariſtide, repréſentant Bachus, & ſi célèbre dans la Grèce, qu'on diſait, en proverbe, *cela eſt beau comme le Bachus :* Polybe vit des ſoldats jouer au dez, ſur ce chef-d'œuvre de peinture. Attale, Roi de Pergame, le ſçut, & offrit de l'acheter ſix cents mille ſeſterces; Mummius, ignorant comme tous les conquérans, étonné qu'on mît à ſi haut prix, ce qu'il appellait une toile coloriée, ſoupçonna quelque vertu ſecrette dans le tableau, & l'envoya à Rome, pour être dépoſé dans le Temple de Cérès. Cet édifice fut brûlé pluſieurs ſiècles après, & le tableau d'Ariſtide, malgré la vertu ſecrette, périt dans l'incendie.

La ſtupidité du Conſul ſe montra encore plus à découvert, quand il s'agît de porter, à bord de la flotte Romaine, les ſtatues de Corynthe, dont il voulait décorer sa patrie : il fit venir les Pilotes, & les menaça, si ces monumens qu'il leur confiait, venaient à se perdre ou à se mutiler dans la route, d'en faire faire d'autres à leurs frais. Nous devons cette anecdote à Velleius (*a*), & cet Historien, qui vivait sous Auguste, mais qu'on croirait du siècle de Mummius, ajoute qu'il serait à souhaiter que cette heureuse ignorance se fût perpétuée, dans Rome, jusqu'au siècle des Césars.

Après le pillage de Corynthe, le Conquérant décida, dans un conseil de guerre, que, conformément au décret du Sénat, on mettrait le feu à la ville. A l'instant les soldats, la torche à la main, se répandent dans tous les quartiers; la flamme s'élève en tourbillons, se fait partout des sphères d'activité, & dévore tout du centre de la ville à la circonférence. C'est alors, dit Pline (*b*), que

(*a*) Lib. 1, cap. 13.
(*b*) *Histor. Natur.* lib. 7, cap. 38.

de l'or, de l'argent & de l'airain, fondus enſemble, il ſe forma un métal nouveau, connu ſous le nom d'airain de Corynthe, & dont on fit, dans la ſuite, des vaſes ſi recherchés, lorſque la Rome des Mummius, dégradée par le luxe des nations qu'elle avait domptée, fit place à la Rome des Lucullus & des Céſars.

L'incendie de Corynthe eſt de la même année que le renverſement de Carthage : ces deux déſaſtres arrivèrent l'an 1436 de l'Ere de Paros, qui répond à la troiſième année de la cent cinquante-huitième Olympiade.

La ligue Achéenne ſe trouva enſévelie dans les ruines de Corynthe, & avec elle, la liberté du Péloponèſe.

ORDRE DES ÉVÈNEMENS

DONT ON NE PEUT FIXER LA CHRONOLOGIE.

NAISSANCE de l'isle de l'Asie mineure.

Plusieurs siècles après, l'Asie mineure se réunit au Continent, & devient une péninsule.

L'isle du Péloponèse s'élève au-dessus des mers.

Formation de l'isthme de Corynthe, par lequel le Péloponèse est joint au Continent.

Naissance graduée de l'Archipel.

Expédition de l'Hercule Oriental, ou premier voyage des Argonautes.

Population antique de l'Asie mineure, par une colonie d'Atlantes, qui y pénétra par les montagnes de la Sophène & de l'Arménie.

Acmon, père de l'Atlante Ouranos, vient bâtir une ville sur les bords du Thermodon.

Règne d'Anak en Phrygie, dans le système qui le fait vivre trois cents ans.

Règne de Méon, suivant la Théologie Phrygienne.

Avantures de Cybèle & d'Atys, suivant la même Théologie fabuleuse.

Avènement de Cynth au trône des Troyens, s'il en faut croire un fragment de la Troade de Néron.

Le Jupiter de la Crète va fonder, au midi de l'Arabie heureuse, la Théocratie de l'Archipel Panchéen.

Chronologie suspecte de la Grèce, ou fastes de ses Monarchies, antérieurement à l'Ere de Paros.

LES Syriens, resserrés dans la chaîne du Liban & de l'Antiliban, envoient

	Ere de Callisthène.	Durée jusqu'à nous.
une colonie vers la frontière orientale de l'Asie mineure, qui fonde l'Etat des Leuco-Syriens. Ce sont les habitans primitifs du Pont & de la Cappadoce; cette colonie a pu arriver vers l'an . .	I	4009
Les Phéniciens entrent dans l'Asie mineure, par la Cilicie, vers l'an . . .	30	3980
Réunion des peuplades Assyriennes, Syriennes, Phéniciennes, sous le nom générique de Pélasges, vers l'an	60	3950
Première colonie Phénicienne, qui, ayant doublé le Péloponèse, & suivi le golfe de Corynthe jusqu'à son extrémité, se trouva arrêtée par un isthme, sur lequel on bâtit, dans la suite, Sicyone. — L'épo-		

	Ere de Callisthène.	Durée jusqu'à nous.
que précise est inaccessible à la chronologie.		
Fondation de la Monarchie de Sicyone, suivant le systême erroné d'Eusèbe, qui fait Egialée contemporain de Ninus, & qui le place même sur le trône, trente ans avant l'avènement de cet époux de Sémiramis.	60	3950
Ce n'est pas sans motif, que j'appelle *erroné* le systême d'Eusèbe; car il ne s'accorde pas seulement avec lui-même. Il y a une erreur évidente de plus d'un demi-siècle dans le rapport de ses époques. Il suppose (*a*) qu'Egialée, la tige des		

(*a*) Euseb. *Chronic.* tome 2, pag. 356.

	Ere de Callisthène.	Durée jusqu'à nous.
Rois de Sicyone, commença à régner trente ans avant l'avènement de Ninus, c'est-à-dire l'an 62 de l'Ere de Callisthène; & ailleurs, il dit que la prise de Troye arriva la 29e année du règne de Polyphide, époque que les meilleurs monumens font concourir, avec l'an 1021 de la même Ere de Callisthène. Or, suivant l'évaluation d'Eusèbe, depuis la première année d'Egialée, jusqu'à la 29e de Polyphide, il y a 908 ans (a), & si vous ôtez ce nombre, de 1021, vous	60	3950

(a) Voyez *Histoire de la Grèce*, tome 1, pag. 258, & les deux premiers *Tableaux de la Chronologie des Monarchies de la Grèce*, qui sont parmi les gravures.

	Ere de Callisthène.	Durée jusqu'à nous.
tombez, non à l'an 62, mais à l'an 113 de l'Ere de Callisthène.		
La dialectique des faits nous apprend que la seconde époque (de la prise de Troye) se rapprochant plus d'Eusèbe, est plus sûre que la première; ainsi, il faut rectifier le calcul de ce Père de l'Eglise, en retranchant 51 ans de son évaluation, & en plaçant l'avènement d'Egialée	113	3897
Egialée, suivant Pausanias, envoie une colonie porter les arts des Phéniciens, dans le golfe de Corynthe, dans l'Epire, & jusques dans la contrée voisine du Parnasse, où régna, dans la suite, Deucalion, vers	123	3887

	Ere de Callisthène.	Durée jusqu'à nous.
Mort d'Egialée, & avènement d'Europs au trône de Sicyone.	165	3845
Telchin succède à Europs	210	3800
Apis remplace Europs, & donne son nom au Péloponèse	230	3780
Thelchion devient Roi de Sicyone	255	3755
Ægid est le successeur de Thelchion.	307	3703
Thurimaque remplace Ægid.	341	3669
Inachus, à la tête d'une colonie Phénicienne, qui aborde au Péloponèse par la mer Egée, vient fonder la Monarchie d'Argos . .	376	3634
Mort de Thurimaque à Sicyone; son apothéose, & avènement de Leucippe. .	386	3624
Inachus rassemble les eaux stagnantes de l'Ar-		

	Ere de Callisthène.	Durée jusqu'à nous.
golide, & en forme un fleuve, auquel il donne son nom, vers	396	3614
Mort d'Inachus. Phoronée lui succède au trône d'Argos	426	3584
Messape se fait couronner, après Leucippe, dans Sicyone	439	3571
Ogygès, Prince des Ectènes, bâtit Thèbes, au rapport de Varron (a), quelques années avant son Déluge	456	3554
Déluge d'Ogygès, la trente-cinquième année du règne de Phoronée à Argos, & à l'époque d'une des apparitions de la comète de 1680	461	3549
Commencement d'un		

(a) *De re rusticâ*, lib. 3, cap. 1.

	Ere de Callisthène.	Durée jusqu'à nous.
vuide de 296 ans dans les annales de Thèbes.		
Hérat remplace Messape, sur le trône de Sicyone. .	486	3524
Apis succède à Phoronée dans Argos.		
Apis chasse les Telchines du Péloponèse, vers	496	3514
Argos succède à Apis, & donne son nom à sa capitale.	521	3489
Le règne de ce Prince est de 70 ans, suivant Eusèbe, & c'est ici le lieu de rectifier sa Chronologie erronée du Royaume d'Argos. — Quand, comparant ce Père de l'Eglise avec lui-même, on vérifie ses calculs, depuis l'avènement de Phoronée, jusqu'au détrônement de Gélanor par Danaüs, on		

trouve un intervalle de 333 ans (*a*). Or, l'avènement de Phoronée étant fixé, comme nous venons de le voir, à l'an 426 de l'Ere de Callisthène, & les marbres de Paros faisant concourir celui de Danaüs avec l'an 722, il s'ensuit que l'intervalle ne doit être que de 296 ans, & non de 333, & qu'il y a une erreur de 37 ans dans la supputation d'Eusèbe.

Le retranchement ne doit pas tomber naturellement sur l'époque de Phoronée, dont la longueur du règne est attestée de toute l'antiquité, mais sur Argos, qui, alors, au lieu de 70 ans, n'en régnera que 33.

Ere de Callisthène.	Durée jusqu'à nous.
521	3894

(*a*) Euseb. *Chronic.* pag. 367.

	Ere de Callisthène.	Durée jusqu'à nous.
Le troisième fils d'Argos va fonder le petit Etat d'Epidaure, vers	531	3479
Plemnée monte sur le trône de Sicyone	532	3478
Criasos devient Roi d'Argos.	554	3456
Les Prêtresses de Junon s'arrogent une partie du pouvoir suprême dans Argos, vers	570	3440
Orthopolis succède à Plemnée, au trône de Sicyone	580	3430
Phorbas règne à Argos.	608	3402
Marathos I monte sur le trône de Sicyone. . . .	643	3367
Triopas remplace Phorbas dans Argos.		
Xanthus, un des fils de Triopas, va conduire une colonie dans l'isle de Lesbos.	641	3369

Chronologie des Monarchies & des Républiques de la Grèce, depuis l'Ere de Paros.

	Ere de Paros.	Durée jusqu'à nous.
L'ERE qu'a fait naître le fameux monument des marbres de Paros, commence à la fondation de la Monarchie d'Athènes, la cinquième année des règnes de Triopas à Argos, & de Marathos I à Sicyone.		
L'Egyptien Cécrops vient dans le Péloponèse; il épouse la fille d'Acté, qui lui apporte, en dot, le Royaume de l'Attique. .	0	3362
Ce Prince bâtit Athènes, & la dédie à Minerve, vers	5	3357
Deucalion vient civiliser la Thessalie. . . .	8	3354

	Ere de Paros.	Durée jusqu'à nous.
Cécrops institue le Tribunal, qu'on nomma dans la suite l'Aréopage	10	3352
Phorbas enlève, aux serpents & aux insectes, l'isle de Rhodes, & y règne	11	3351
Avènement de Marathos II, au trône de Sicyone	25	3337
Anak, le premier Roi connu de la Phrygie, que Suidas fait antérieur au déluge de Deucalion, peut avoir régné l'an	30	3332
Pélasge, que l'Antiquité place entre les déluges d'Ogygès & de Deucalion, vient civiliser l'Arcadie	32	3330
Cette Arcadie a eu des Rois pendant près de 900 ans; mais leur succession exacte, ni la durée de leurs		

	Ere de Paros.	Durée jusqu'à nous.
règnes, ne sont parvenus jusqu'à nous (*a*).		
Avènement de Dardanus au trône de Troye	40	3322
Crotopus succède à Triopas dans Argos. . .	41	3321
C'est ici qu'une chronologie (peut-être incertaine) doit placer la civilisation des Sauvages de la Laconie, par Lelex. Je sais que l'opinion des Savans modernes est que cette époque doit être rapprochée de nous de vingt-cinq ans; mais l'article VIII de la Chronique de Paros, place expressément à l'an 66 le commencement du règne d'Eurotas : ainsi, il		

(*a*) On ne connaît que deux époques dans l'histoire de cette Monarchie : celle de son origine, & celle de sa destruction.

	Ere de Paros.	Durée jusqu'à nous.
doit y avoir au moins vingt-cinq ans de plus, dans les Fastes de Lacédémone, pour les règnes de Lelex & de Mylès. C'est donc à l'an 41 qu'il faut porter l'avènement du Législateur de la Laconie.		
Echirée remplace Marathos II à Sicyone.	45	3317
Avènemenent de Cranaüs au trône d'Athènes.	50	3312
Arès ou Mars, le premier des Dieux qui vient plaider sa cause dans Athènes, fait donner, au Tribunal qui le juge, le nom d'Aréopage.		
Déluge de Deucalion, suivant les marbres de Paros.	53	3309
Deucalion vient demander un asyle, dans Athènes, à Cranaüs.		

	Ere de Paros.	Durée jusqu'à nous.
Tems où l'on peut placer l'histoire tragique de Psamathé & de Corœbus.	55	3307
Avènement de Mylès au trône de la Laconie, vers .	56	3306
Polycaon, frère de Mylès, épouse Mefsène, fille de Crotopus, Roi d'Argos, & va fonder le Royaume de la Messénie, vers	58	3304
Cette Messénie a eu des Rois, mais point d'annales, depuis Polycaon, jusqu'à l'invasion des Héraclides. La Chronologie, dans cet intervalle, ne peut fixer que le règne de Nestor, Roi de Pylos & de Mefsène, qui fut un des héros de l'Iliade.		
Détrônement de Cranaüs; avènement d'Amphyction.	59	3303

	Ere de Paros.	Durée jusqu'à nous.
Un autre Amphyction, fils de Deucalion, Roi des Thermopyles, institue le Tribunal suprême des Amphyctions.	60	3302
Hellen, autre fils de Deucalion, règne chez les Phthiotes, & donne son nom aux Grecs.	61	3301
Institution du spectacle des Panathenées.		
Commencement d'un vuide de 211 ans dans les annales de la Thessalie, qui n'est rempli que par le nom d'un Hypsée, dont Cyrène, la fille, fut enlevée par Jupiter.		
Sthénélas, remplace Crotopus dans Argos.	62	3300
Epoque où Corynthe est bâtie.		
Eurotas, suivant la Chronique des Marbres, com-		

	Ere de Paros.	Durée jusqu'à nous.
mença à régner dans les landes marécageuses de la Laconie	66	3296

En général, nous observerons que l'histoire de la première Monarchie de Lacédémone est très-conjecturale (quant à l'évaluation des règnes) jusqu'à l'avènement de Tyndare, père d'Hélène. Mais c'est sur-tout depuis Eurotas, jusqu'à Amyclas, que le voile s'épaissit. Le dernier de ces Princes, suivant Pausanias, donna sa sœur en mariage à Acrisius, qui régnait dans Argos l'an 205, & puisque les Marbres placent l'avènement d'Eurotas en 66, il y a 139 ans d'intervalle entre ces deux époques, intervalle qu'il faut remplir,

	Ere de Paros.	Durée jusqu'à nous.
par les seuls règnes d'Eurotas, de Lacédémon & d'Amyclas. Pour comble d'incertitude, la Chronique de Paros fait régner, ensemble, Eurotas & Lacédémon son gendre, ce qui empêche la raison d'allonger le règne du dernier. Le nœud gordien ne peut être coupé, qu'en supposant un vuide entre Lacédémon & Amyclas, dont il ne faut accuser que la négligence de Pausanias & d'Apollodore.		
Eurotas associe à son trône Lacédémon, & lui donne sa fille en mariage.		
Ce Prince rassemble les eaux stagnantes de la Laconie, & en forme le fleuve de l'Eurotas, vers	67	3295

	Ere de Paros.	Durée jusqu'à nous.
Amphyction, Roi d'Athènes, est détrôné par Erichton	69	3293
Danaüs arrive à Rhodes sur le Pentécontore, suivant les Marbres	71	3291
Gélanor succède à Sthénélas au trône d'Argos. . .	73	3289
Détrônement de Gélanor, & avènement de Danaüs.	74	3288
Erichton institue les courses des chars, au spectacle des Panathenées. . .	76	3286
Le Phrygien Hyagnis donne aux peuples la première idée de l'harmonie.		
Mort d'Eurotas. Lacédémon gouverne seul la Laconie, vers	86	3276
Lacédémon bâtit la ville de Sparte, vers	88	3274
On peut placer ici le Méon d'Eusèbe, qui, dans		

	Ere de Callisthène.	Durée jusqu'à nous.
cette hypothèse, serait le successeur immédiat d'Anak, Roi de Phrygie. . .	90	3272
Civilisation de la Crète par Teuctame, petit-fils de l'Hellen, qui donna son nom à la Grèce : comme Dorus, père de Teuctame, était probablement dans l'âge mûr, lorsque les Grecs prirent le nom d'Hellènes, il ne faut compter qu'une génération, ou 33 ans, de cette époque à l'avènement de Teuctame.	94	3268
Mort de Lacédémon, censé avoir régné vingt ans avec son beau-père, & dix ans seul.	96	3266
Vuide de quatre-vingt-onze ans, dans l'histoire de Lacédémone, qu'il faut admettre, quand on veut		

	Ere de Paros.	Durée jusqu'à nous.
concilier la Chronologie des Marbres avec les Histoires d'Apollodore & de Pausanias.		
On croit qu'Aëthlios, petit-fils de Deucalion, fonda la Monarchie de l'Elide, à la fin du premier siècle, de l'Ere de Paros. .	100	3262
Chorax succède à Echirée au trône de Sicyone.		
Erichton remplace Dardanus au Royaume de Troye.	104	3258
Règne d'Astérios dans la Crète.	107	3255
Enlèvement d'Europe. — Cet évènement ne doit précéder que d'un an l'arrivée de Cadmus dans l'Archipel Grec, que les monumens placent 264 ans avant la prise de Troye	108	3254

	Ere de Paros.	Durée jusqu'à nous.
Arrivée de Cadmus dans l'Archipel de la Grèce.	109	3253
Cet évènement dont il est parlé dans la Chronique de Paros, ne jette aucune lumière dans la Chronique Grecque, parce que la date en est effacée. Je sais que des critiques illustres ont tâché d'y suppléer par d'ingénieuses conjectures; on voit, par exemple, dans la magnifique édition des *Marbres d'Oxford*, que l'arrivée de Cadmus dans la Béotie, ainsi que la construction de la citadelle de Thèbes, devrait tomber l'an 63 de l'Ere de Paros; mais en reculant ainsi de quarante-six ans cette époque, on détruit tous les rapports que les		

	Ere de Paros.	Durée juſqu'à nous.
Monarchies Grecques ont entr'elles : il nous a donc paru infiniment plus ſimple de ſuivre l'opinion générale des Anciens, que la fondation de Thèbes précédait de 264 ans la priſe de Troye.		
Hiſtoire plus que ſuſpecte des Danaïdes . . .	114	3248
Aſtérios, Roi de Crète, épouſe Europe, & légitime ſes enfans.	118	3244
Cadmus envoie peupler les iſles déſertes de l'Archipel.	119	3243
Pandion I ſuccède à Erichton, Roi d'Athènes.		
Atys épouſe Cybèle, fils de Méon, & détache la Lydie, de la Monarchie Phrygienne.	120	3242
Epoque vraiſemblable de la mort de Méon . .	123	3239

	Ere de Paros.	Durée jusqu'à nous.
Mort de Danaüs. Lyncée lui succède au trône d'Argos	124	3238
Epopée monte au trône de Sicyone	130	3232
Commencement d'une famine de 28 ans dans la Lydie, suivant le fabuleux Hérodote.		
Tyrhénus, fils d'Atys, va fonder un Royaume en Toscane.	148	3214
Endymion devient Roi de l'Elide.		
Cadmus s'exile de la Béotie, & se retire chez les Enchéléens	149	3213
Avènement de Polydore au trône de Thèbes.		
Minos I commence à régner dans la Crète. . .	150	3212
Le fer est trouvé sur le mont Ida. Premiers progrès de la Métallurgie.		

	Ere de Paros.	Durée jusqu'à nous.
Fin de la famine de Lydie, au rapport d'Hérodote	158	3204
Règne d'Erechtée dans Athènes.	159	3203
Lydus succède à Arys, & donne son nom à la Lydie.	160	3202
Victoire du premier Minos sur les pirates de Phénicie.		
Sarpédon, vaincu par Minos son frère, va établir une petite Souveraineté dans la Lycie.		
Laomédon devient Roi de Sicyone.	165	3197
Abas succède à Lyncée au trône d'Argos.		
Cérès enseigne, aux peuples de l'Attique, l'art d'ensemencer les terres. . . .	173	3189
Triptolème ensemence les plaines d'Eleusis.		

	Ere de Paros.	Durée juſqu'à nous.
Mort de Polydore. Avènement de Labdacus au trône de Thèbes. Régence de Nyctée ſon beau-père.	179	3183
Avènement de Tros au trône de Troye.		
Atiame règne en Lydie.	180	3182
Fondation de Troye.	181	3181
Poëme écrit ſur l'enlèvement de Proſerpine	183	3179
Fin du vuide des annales de Lacédémone. Amyclas monte ſur le trône, & bâtit, ſur l'Eurotas, une ville à laquelle il donne ſon nom.	187	3175
Prétus eſt le ſucceſſeur d'Abas, dans Argos, ſuivant Euſèbe	188	3174
Enlèvement de Ganymède.	191	3171
Conquêtes d'Atiame, Roi de Lydie. Il fonde,		

	Ere de Paros.	Durée jusqu'à nous.
en Syrie, la ville d'Ascalon.		
Si nous faisons fleurir, à cette époque, Atiame, c'est sur la foi de Suidas, qui le fait contemporain de Tantale, Roi de Sipyle, le même qui enleva Ganymède.		
S'il faut faire régner, un demi-siècle, Endymion, qui fut, dit-on, cinquante fois père, l'avènement d'Epeus son fils au trône de l'Elide, tombera vers .	198	3164
Tems où l'on peut placer l'histoire de Céphale & de Procris.	199	3163
Lycaste remplace Minos I au trône de la Crète.	200	3162
Sicyon règne dans Sicyone, & donne son nom à cette capitale de sa Monarchie	205	3157

	Ere de Paros.	Durée jusqu'à nous.
Acrisius, suivant Eusèbe, remplace Prétus au trône d'Argos.	205	3157
Amyclas donne sa sœur en mariage à Acrisius.		
Observons qu'à cette époque, il règne l'obscurité la plus profonde dans la chronologie de Lacédémone & d'Argos. Pausanias, qui nous a donné la liste des Rois de la première ville, ne fixe point la durée de leurs règnes. Eusèbe, à qui nous devons le Catalogue des Souverains de la seconde, évalue les règnes, mais sans critique. Par exemple, il fait, de ceux de Prétus & d'Acrisius, des règnes successifs, tandis qu'ils furent collatéraux; car, à la mort d'Abas, Acrisius régna		

	Ere de Paros.	Durée jusqu'à nous.
dans Argos, tandis que Prétus, son frère jumeau, eut, pour apanage, Tirynthe, & la côte maritime de l'Argolide.		
Fameuse expédition de Persée, suivant la Chronique de l'Astronome Thrasylle, qui met 98 ans d'intervalle entr'elle & le voyage des Argonautes. Au reste, cette date supposerait que Persée naquit des amours de Danaë, bien long-tems avant qu'Acrisius montât au trône d'Argos	206	3156
Cécrops II succède à Erechtée dans Athènes. .	209	3153
Mort de Labdacus. Amphion & Zéthus s'emparent du trône de Thèbes.		
Ici commence la chronologie conjecturale de la		

Monarchie de Thèbes, parce que les Historiens n'évaluent pas la durée des règnes. Nous y avons suppléé, au moyen de quelques points d'appui, que nous avons rencontrés de tems en tems dans ce labyrinthe de faits & de dates. Ces points d'appui sont :	Ere de Paros	Durée jusqu'à nous.
	209	3153
1°. Le déluge d'Ogygès, fixé par l'Astronomie, qui donne d'abord la date de la première fondation de Thèbes.		
2°. L'arrivée de Cadmus dans la Béotie, fixé 264 ans avant la prise de Troye, qui fournit l'époque précise de la revivification de la Monarchie.		
3°. La première expédition des Sept Chefs de-		

	Ere de Paros.	Durée jusqu'à nous.
vant Thèbes, qui concourt avec la rencontre de l'Hypsipyle séduite par Jason, & se place ainsi quatre ans après l'expédition des Argonautes.	209	3153
4°. Le règne de Tisamène, pendant la guerre de Troye, qui conduit à placer la mort de ce Prince, environ sept ans après la prise de cette ville.		
5°. La dissolution de la Monarchie de Thèbes, qui tombe à l'an 432 de l'Ere de Paros.		
C'est d'après toutes ces autorités, que nous nous sommes permis de fixer la durée des règnes des Monarques de Thèbes, que nous méconnaîtrions, à cause du silence de l'Histoire.		

	Ere de Paros.	Durée jusqu'à nous.
Argalos remplace Amyclas au trône de Lacédémone, vers	217	3145
Alcime succède à Atiame, sur le trône de Lydie.	220	3142
Fin du vuide dans les annales de la Phrygie, & avènement de Midas I. .	223	3139
Etolus règne, après Epeus, dans l'Elide.	228	3134
Les Thébains, après la mort d'Amphion & de Zéthus, appellent Laïus pour les gouverner, vers . .	229	3133
Mort tragique d'Hyacynthe, favori d'Apollon, vers	230	3132
Mort d'Acrisius, suivant la Chronique d'Eusèbe. . .	236	3126
Ici la chronologie d'Argos cesse d'avoir des points d'appui. La Monarchie se démembre, & tous ces Rois collatéraux, qui n'ont rien		

Ere de Paros.	Durée jusqu'à nous.
236	3126

fait, n'échappent que par leurs noms à l'oubli. L'Hiſtoire, de ce moment, ne s'occupe plus que de Mycènes, fondée par le petit fils d'Acriſius. Il eſt probable qu'au bout de quelques générations, Argos devint tributaire de Mycènes, ainſi que Trezène, Epidaure & Hermione. Ainſi, il n'y a aucun inconvénient à dater de la mort d'Acriſius, la diſſolution de ſa Monarchie.

Perſée, ſucceſſeur naturelle d'Acriſius, Roi d'Argos, déſeſpéré d'avoir été la cauſe innocente de ſa mort, cède ſa Monarchie à Mégapenthe ſon couſin, & va régner à ſa place dans Tirynthe.

	Ere de Paros.	Durée jusqu'à nous.
Cynortas succède à Argalos au trône de Lacédémone	237	3125
Persée fonde la ville de Mycènes.		
Mort de Persée.	238	3124
Mastor, le quatrième des enfans que Persée avait eus d'Andromède, succède à ce Héros. Il n'est point fait mention de ce Prince, dans la Chronique d'Eusèbe.		
Il règne ici une confusion dans les fastes de Mycènes. Eusèbe, à qui nous devons le peu de lumières qui nous restent sur ce sujet, est un guide peu sûr, dans ces ténèbres chronologiques : tantôt il oublie d'évaluer les règnes, tantôt, quand il les évalue, il ne s'accorde pas avec lui-		

	Ere de Paros.	Durée jusqu'à nous.
même. Heureusement les faits qu'il s'agit ici de classer, tiennent encore un peu à l'âge des fables ; ce qui nous autorise, peut-être, à quelques recherches conjecturales, pour ne point laisser un vuide apparent dans les fastes de la Grèce.		
Mort de Tros. Ilus son fils règne à sa place dans Troye.	240	3122
Electryon, frère de Mastor, remplace ce Prince au trône de Mycènes. Eusèbe passe encore ce règne sous silence.	241	3121
Electryon est tué involontairement par Amphytrion.	242	3120
Sthénélus gouverne Tirynthe & Mycènes.		
Manès remplace Mi-		

	Ere de Paros.	Durée jusqu'à nous.
das I au trône de Phrygie; son avènement tombe vers l'an	243	3119
Etolus, Roi de l'Elide, va fonder le Royaume d'Etolie, sur les bords de l'Acheloüs.	248	3114
Eleus I, après la retraite d'Etolus, s'empare de la couronne de l'Elide.		
Détrônement de Cécrops II. Pandion II se fait couronner dans Athènes.	249	3113
Polybe devient Roi de Sicyone.	250	3112
Minos II remplace Lycaste au trône de la Crète.		
Eurysthée succède à Sthénélus dans Mycènes. L'Eusèbe original donne à ce Prince 45 ans de règne, & il n'en a que 43, dans l'Eusèbe rectifié.		

	Ere de Paros	Durée jusqu'à nous.
Première cérémonie religieuse de la lustration, dans Athènes.	256	3106
Œbalos devient Roi de Lacédémone.	257	3105
Il épouse Gorgophone, fille de Persée, vers . . .	258	3104
Eleus I bâtit la ville d'Elis. Mort d'Etolus. Avènement de son fils, Calydon, au trône de l'Etolie.		
Cambliras se fait couronner en Lydie.	260	3102
Un Laboureur devient Roi de Phrygie, sous le nom de Gordius I. . . .	263	3099
Naissance d'Hercule. — Nous sommes obligés, pour concilier les faits & les dates, dans une histoire aussi conjecturale que celle de ce héros, de placer cet évènement la treizième		

	Ere de Paros.	Durée jusqu'à nous.
année du règne d'Euryſthée dans la ville de Mycènes.		
Calydon bâtit la métropole de l'Etolie, & lui donne ſon nom.	268	3094
Laïus eſt tué par Œdipe.	269	3093
Règne de Créon dans Thèbes.		
Camblitas ſe tue. Avènement de Tmolus au trône de la Lydie	270	3092
Fin du vuide dans les annales de la Theſſalie. Tems où l'on peut placer le règne d'Eſon à Iolchos.	272	3090
Œdipe épouſe Jocaſte ſa mère, & devient Roi de Thèbes.	274	3088
Ægée remplace Pandion II dans Athènes.		
Mort d'Eleus I. Augyas lui ſuccède dans l'Elide. .	278	3084

	Ere de Paros.	Durée jusqu'à nous.
Rencontre du Palladium de Troye, suivant une ancienne tradition.	279	3083
Laomédon succède à Ilus au Royaume de Troye.	280	3082
Epoque du prétendu mariage d'Hercule avec les cinquante Thespiades		
Tems où l'on peut placer le règne de Corinthos, premier Roi de Corynthe.		
Défaite des Myniens, par Hercule.	281	3081
Hercule épouse Mégare, fille de Créon. — Ce Créon n'était que le Vice-Roi de Thèbes. Car nous voyons, dans les annales de cette Monarchie, qu'Œdipe, à cette époque, lui avait succédé de son vivant; alors, la politique orientale n'était point connue en		

	Ere de Paros.	Durée jusqu'à nous.
Grèce. On détrônait ordinairement les Rois sans les faire mourir. Œdipe conserva donc à Créon les honneurs de Prince de son sang, & lorsqu'il allait à Corynthe, il lui laissait Thèbes à gouverner . . .	282	3080
Commencement des douze travaux d'Hercule.		
Pélias ôte la couronne d'Iolchos à son frère Eson, mais sans lui ôter la vie.		
Hercule tue les enfans qu'il a de Mégare.	283	3079
Naissance de Jason.		
Midas II amène une colonie de Thraces, qui vient s'incorporer au peuple de la grande Phrygie.		
Jeux qu'Egée célèbre dans Athènes. Assassinat d'Androgée, fils du Roi de Crète.	285	3077

	Ere de Paros.	Durée jusqu'à nous.
Tmolus épouse Omphale, & la fait Reine de Lydie.		
Conquêtes de Minos II dans l'Attique.	286	3076
Un Oracle ordonne à Egée, Roi d'Athènes, d'expier le meurtre d'Androgée	287	3075
Hippocoon s'empare du trône de Lacédémone, qui était dû à Tyndare son frère.		
Avènement d'Œnée au trône de l'Etolie	288	3074
Inachus remplace Polybe au trône de Sicyone. . . .	290	3072
Fin tragique de Tmolus. Omphale, son épouse, hérite de la couronne de Lydie.		
Hercule termine, dit-on, ses douze travaux mémorables, la dixième		

	Ere de Paros.	Durée jusqu'à nous.
année après avoir ouvert cette carrière de danger & d'exploits.	292	3070
Atrée, de la famille de Tantale, & gendre d'Euristhée, le remplace au trône de Mycènes. . .	293	3069
Eusèbe fait régner ensemble Atrée & Thyeste, pendant 43 ans. Cette hypothèse contredit tous les monumens. Ces deux règnes ont été successifs, & non collatéraux.		
Hercule se fait initier dans les mystères d'Eleusis.		
Il tue Iphitus, a recours à des expiations religieuses, & se laisse vendre à Omphale.		
Naissance d'Agron, fils d'Hercule & d'Omphale.	244	3068

	Ere de Paros.	Durée jusqu'à nous.
Le Héros, suivant une tradition, épouse la Reine de Lydie.	295	3067
Naissance d'un fils d'Hercule & d'Omphale. . . .	296	3066
Fin du séjour d'Hercule en Lydie.		
Règne ou Vice-royauté de Créon à Corynthe. . .	300	3062
Naissance de Thésée. .	302	3060
Avènement de Gordius II au trône de la Phrygie	303	3059
Jason vient se faire reconnaître à Iolchos, & demande à Pélias qu'il lui rende sa couronne.		
Expédition des Argonautes de Jason. Hercule en partage la gloire & les dangers.	304	3058
Œdipe s'exile de Thèbes, ou meurt. Avènement d'Etéocle	305	3057

	Ere de Paros.	Durée jufqu'à nous.
Etéocle ne veut pas, fuivant fa convention, céder la couronne de Thèbes à fon frère Polynice.	306	3056
Polynice fe réfugie chez Adrafte, & forme une ligue contre Etéocle. . .	307	3055
Médée, au retour des Argonautes, fait égorger le vieux Pélias par fes propres filles. Prife d'Iolchos. Avènement d'Acafte, fils de Pélias. Retraite de Jafon à Corynthe.		
Hercule détourne le fleuve Pénée, pour nétoyer les étables d'Augyas.		
Prife de Troye par Hercule, & mort de Laomédon. Interrègne pour le rachat de Priam.		
C'eft à cette époque qu'on place les voyages		

	Ere de Paros	Durée jusqu'à nous.
d'Hercule en Afrique, en Espagne & en Italie.		
Fameuse chasse du sanglier de Calydon. Exploits de Méléagre.	307	3055
Pélée, fils d'Æaque, Roi d'Egine, se rend à la chasse de Calydon, & y tue involontairement son beau-père, le Roi des Phthiotes.		
Observons, au sujet de Thésée, qu'il est impossible de concilier, avec la chronologie, sa rencontre avec les guerriers de la Grèce à la chasse mémorable du sanglier de Calydon; car, en liant, avec soin, les faits entr'eux, il se trouverait qu'à cette époque le Héros n'aurait eu que cinq ans. Nous n'avons pas voulu couper, par		

	Ere de Paros.	Durée jusqu'à nous.
cette diſcuſſion, la marche rapide de l'Hiſtoire		
Guerre d'Hercule contre Augyas	308	3054
Tyndare épouſe Léda.		
Première expédition des Sept Chefs devant Thèbes.		
Rencontre malheureuſe d'Hypſipyle dans la forêt de Némée.		
Siége de Thèbes. Duel d'Etéocle & de Polynice. Ces deux Princes s'entre-tuent. Avènement du jeune Polydamas. Régence de Créon. Les confédérés lèvent le ſiége	309	3053
Hercule détourne, en Etolie, le cours de l'Acheloüs.		
Siége & priſe d'Elis par Hercule. Le trône paſſe à Phylée, fils aîné d'Augyas.		

	Ere de Paros.	Durée jusqu'à nous.
Avènement de Priam au trône de Troye.		
Hercule vient en Laconie, tue Hippocoon, & rend le trône à Tyndare	310	3052
Ce héros marche contre le Roi de Pylos, & tue les onze frères de Nestor.		
Il épouse Déjanire.		
Conspiration contre Omphale. Mort de cette Princesse. Avènement de Pylémène, suivant quelques Historiens; suivant d'autres, la Lydie, à cette époque, fait partie de la Monarchie de Troye.		
Naissance d'Hyllus, fils d'Hercule & de Déjanire.	311	3051
Jason & Médée viennent régner dans Corynthe, vers	312	3050
Mort d'Hercule, suivant la supputation qui nous		

	Ere de Paros.	Durée jusqu'à nous.
paraît la plus vraisemblable. Le héros, alors, aurait poussé sa carrière à un demi-siècle (a).	313	3049
Jason répudie Médée. Celle-ci embrase le palais, fait périr sa rivale, & se sauve dans Athènes . . .	314	3048
Dévouement d'Anchar, le Curtius de la Phrygie, vers	315	3047
Avènement de Nestor au trône de Pylos.		
Thésée sort de Trezène, pour se faire reconnaître de son père.	320	3042
Minos II périt, par une perfidie, dans la Sicile.		

(a) Fréret, tout en adoptant une autre chronologie infiniment plus conjecturale, avoue que la vie d'Hercule ne peut pas se prolonger au-delà d'un demi-siècle. Voy. *Mémoires de l'Académie des Belles-Lettres*, petite édition, tome VII, pag. 485.

	Ere de Paros.	Durée jusqu'à nous.
Avènement de Deucalion, qui avait été, dit-on, un des Argonautes, au trône de Crète.		
Théſée tue le brigand Périphète, dans le territoire d'Epidaure	321	3041
Il écartèle Sinnis. Ses amours avec Périgone.		
Il ſe meſure avec Scyron.	322	3040
Il tue Procruſte.		
Avènement d'Otrée, contemporain d'Anchiſe, au trône de la Phrygie.	323	3039
Théſée raſſemble les douze tribus de l'Attique ſous la même forme de gouvernement; il introduit, dans Athènes, le gouvernement populaire, & inſtitue les Jeux Iſthmiques.		

	Ere de Paros.	Durée jusqu'à nous.
Théſée ſe fait expier, par un Hiérophante, dans Eleuſis.	324	3038
Il ſe fait initier aux myſtères de Crète. . . .	326	3036
Le héros entre dans Athènes. Médée veut le faire empoiſonner par ſon père. Il eſt reconnu. Fuite de Médée.	330	3032
Défaite & mort des Pallantides.		
Théſée va, en Crète, délivrer ſa patrie, du tribut exigé pour le meurtre d'Androgée.	331	3031
Jeux Néméens, inſtitués par Etéocle, Adraſte & Amphiaraüs.		
Triomphe de Théſée. Il eſt vainqueur de Tauros, & épouſe Ariane.		
Théſée abandonne Ariane dans l'iſle de Naxos . .	332	3030

	Ere de Paros.	Durée jusqu'à nous.
Egée se précipite dans la mer. Avènement de Théſée au trône d'Athènes.		
Théſée épouſe la Scythe Antiope. Naiſſance d'Hippolyte.		
Pheſtus règne, après Inachus, dans Sicyone.		
Tems où l'on peut placer la naiſſance de Bellérophon	334	3028
Naiſſance d'Hélène. Tyndare lui deſtine Ménélas pour époux, & aſſocie ce Prince à ſon trône. — Nous ne nous diſſimulons pas que ce fait n'eſt point clairement exprimé, dans les Ecrivains de l'antiquité; mais c'eſt l'unique moyen de concilier ici l'hiſtoire de Sparte & de Troye avec la chronologie.	338	3024

	Ere de Paros.	Durée jusqu'à nous.
Naissance de Castor & de Pollux, frères jumeaux d'Hélène.		
Théſée rectifie la légiſlation de Cécrops	339	3023
Etabliſſement des Jeux Iſthmiques, ſuivant une autre tradition.		
Il faudrait placer ici l'embarquement de Théſée ſur le Pont-Euxin, avec Hercule, pour ſubjuguer les Amazones; mais cette hiſtoire, comme nous l'avons déja remarqué, eſt plus que ſuſpecte. On a d'autant plus raiſon de la rejetter, qu'Hercule était mort depuis 26 ans à l'époque de cette prétendue conquête.		
Adraſte remplace Pheſtus à Sicyone.	340	3022
Ménélas devient, par		

	Ere de Paros.	Durée jusqu'à nous.
la mort de Tyndare, seul Roi de Lacédémone.		
Passion fatale d'Astydamie pour Pélée.	341	3021
Pélée est exposé dans un désert. Il est sauvé par le centaure Chiron, & va, dans Scyros, épouser la sœur de Lycomède . .	342	3020
Deucalion, Roi de Crète, donne Phèdre sa sœur en mariage à Thésée.		
Crétès succède, dans la Crète, à son frère Deucalion.	343	3019
Naissance d'Achille.		
Nestor unit le Royaume de Messène à celui de Pylos.		
Pélée tue Acaste. Réunion des Royaumes de Phthie & d'Iolchos . . .	344	3018
Polyphide remplace Adraste à Sicyone.		

	Ere de Paro.	Durée jusqu'à nous.
Passion de Phèdre pour Hippolyte. De retour de Trézène, cette Princesse accuse le fils d'Antiope d'avoir voulu la violer. .	346	3016
Phèdre s'étrangle avec son diadême. Mort cruelle d'Hippolyte.		
Avènement de Thyeste au trône de Mycènes. . .	348	3014
Enlèvement d'Hélène par Théfée. L'Histoire veut qu'à cette époque, elle n'eût que dix ans.		
Mnesthée appelle les Tyndarides dans l'Attique.		
Naissance d'Iphigénie, fille de Théfée & d'Hélène	349	3013
Commencement de la guerre entre Théfée & Castor & Pollux. Hélène est ramenée dans Sparte.		

	Ere de Paros.	Durée jusqu'à nous.
Mort de Phylée, Roi d'Elide à Dulychium. Avènemenent d'Agasthène.		
Nouveau siége de Thèbes par les enfans des Sept Chefs, ou expédition des Epigones.		
Prise de Thèbes. Les habitans se retirent à Tilphosée. Laodamas se sauve en Illyrie. Mort de Tirésias.	350	3012
Avènement de Thersandre, fils de Polynice, au trône de Thèbes.		
Le Centaure Chiron devient l'Instituteur d'Achille.		
Athènes ouvre ses portes aux vengeurs d'Hélène. On détrône Thésée. Avènement de Mnesthée. . . .	352	3010
Hercule rétablit les Jeux		

	Ere de Paros.	Durée jusqu'à nous.
Olympiques, suivant Thrasylle, quarante-cinq ans après l'expédition des Argonautes; ce qui tendrait, dans cette hypothèse, à donner plus de quatre-vingt-dix ans à la vie du héros; résultat qui blesse toute vraisemblance.		
Thésée va demander un asyle à Lycomède, Roi de Scyros, & celui-ci l'assassine.	353	3009
Crétès, Roi de Crète, est tué, involontairement, par son fils Althémène.		
Avènement d'Idoménée, fils de Deucalion, au trône de la Crète.		
Tems où une chronologie incertaine peut placer les exploits de Bellérophon.	354	3008
Enlèvement d'Hélène .	356	3006

	Ere de Paros.	Durée jusqu'à nous.
Mort d'Otrée, Roi de Phrygie.		
Il règne ici un vuide de 523 ans dans les annales de cette Monarchie. Nous avions cru d'abord devoir le mettre entre les règnes de Midas IV & de Midas V ; mais c'était en vertu d'une dialectique trop conjecturale. Voici la vraie place de ce long intervalle, qui n'est caractérisé que par le silence de l'Histoire. Ici, la dynastie royale est anéantie, & le Gouvernement semble totalement changé.		
Naufrage d'Hélène & de Pâris sur les côtes d'Egypte.	357	3005
Fin du règne de Thyeste à Mycènes. Avènement d'Agamemnon.	358	3004

	Ere de Paros.	Durée jusqu'à nous.
Diomède, fils de Tydée, s'attache à Agamemnon, & obtient la Vice-Royauté d'Argos & de Trézène.	360	3002
Brigandages de Castor & de Pollux en Arcadie. Epoque probable de leur mort.		
Amours d'Achille & de Déïdamie dans Scyros. Le héros est reconnu par Ulysse	362	3000
Fin des négociations pour le retour d'Hélène.		
Achille, Diomède, Ulysse & tous les Princes de la confédération Grecque vont à la guerre de Troye.	363	2999
Peste en Aulide. Sacrifice d'Iphigénie.		
Thersandre, Roi de Thèbes, est tué sur les		

	Ere de Paros.	Durée jusqu'à nous.
côtes de Mysie. Avènement de Tisamène.		
Siége de Troye	364	2998
Règne obscur de Polyxénos dans l'Elide. . .	369	2993
Agron, arrière petit fils d'Hercule, vient, à la tête d'une armée, s'emparer de la Lydie, cinq ans avant la prise de Troye, s'il en faut croire la Chronologie d'Hérodote.		
Apothéose d'Hercule, suivant le Canon de Thrasylle, rectifié ; c'est-à-dire quatre ans avant la prise de Troye.		
Achille est assassiné par Pâris, dans un temple . .	372	2990
Prise du Palladium de Troye	373	2989
Pâris est tué par Philoctète.		
Mnestée se fait tuer,		

	Ere de Paros.	Durée jusqu'à nous.
ſans gloire, ſous les murs de Troye. Avènement de Démophon, fils de Théſée & de Phèdre, au trône d'Athènes.	373	2989
Perfidie d'Enée & d'Anténor.		
Priſe de Troye Incendie de la ville. Maſſacre de Priam, & extinction de ſa Monarchie.		
Ajax viole Caſſandre ſur l'autel de Minerve. Il périt, dans une tempête, avant d'aborder dans la Locride.		
Mort, peut-être, de Pélée. Pyrrhus, fils d'Achille, va fonder un Royaume en Epire.		
Idoménée veut immoler ſon fils à ſon retour dans la Crète. Révolte. Il va fonder une Principauté		

	Ere de Paros.	Durée jufqu'à nous.
dans Salente. Avènement de Mérion. A la mort de ce Prince, dont la date ne faurait être fixée, la Crète devient une République.	373	2989
Commencement des voyages d'Ulyffe.		
Une perfidie de l'Epoufe de Diomède, oblige ce Prince à quitter fes Etats, & à conduire une colonie en Italie.		
Agamemnon eft égorgé par Thyefte. Suivant l'Eufèbe original, ce Prince avait régné 18 ans, & feulement 15, fuivant l'Eufèbe rectifié par Scaliger.		
Avènement d'Egyfthe au trône de Mycènes.		
Tems où l'on dit que fleurit Darès de Phrygie, Hiftorien du fiége de Troye.		

	Ere de Paros.	Durée jusqu'à nous.
Mort de Polyphide, Roi de Sicyone. Pélasge le remplace.	375	2987
Oreste est guéri de sa frénesie. Son absolution devant l'Aréopage, au sujet de son parricide. .	376	2986
Mort de Tisamène, Roi de Thèbes. Avènement d'Autésion	380	2982
Erection d'un Temple de Vénus, vis-à-vis l'isle de Cranaë, en mémoire de la première jouissance de Pâris & d'Hélène	381	2981
Retour d'Ulysse à Ithaque. Ce Prince, aidé de Télémaque son fils, massacre tous les Princes qui prétendaient à la main de Pénélope.	383	2979
On ignore l'époque de la mort d'Ulysse. On		

	Ere de Paros.	Durée jusqu'à nous.
doute même si Télémaque lui a succédé.		
Tems où l'on dit que fleurit Dictys de Crète, Historien de la guerre de Troye.		
Institution du Tribunal des Ephètes dans Athènes.		
Epoque où l'on peut placer la mort de Sisyphe, & la réunion du Royaume de Corynthe à celui de Mycènes	384	2978
Déluge d'Ogygès, dans le système très-hardi de la Comète de 1680, rapproché de nous d'un période.	388	2974
Mort d'Agron, Roi de Lydie, vers	389	2973
Hérodote compte vingt-deux Héraclides, qui se succédèrent depuis Agron, jusqu'au successeur de Candaule, dans un intervalle		

de

	Ere de Paros.	Durée jusqu'à nous.
de 505 ans. Mais on ne nous a transmis les noms que des cinq derniers. Ainsi il y a un vuide dans l'histoire de Lydie, depuis l'an 389, jusqu'à l'an 806, où Ardys I monta sur le trône. Ce dernier évènement a fait époque, parce qu'il concourt avec la première année de la première Olympiade.		
Autésion, par l'ordre d'un Oracle, abandonne le trône de Thèbes. Il est remplacé par Damasichton.	390	2972
Avènement d'Oreste au trône de Mycènes.	391	2971
Ce Prince devient Roi de Lacédémone.	393	2969
Zeusippe devient Roi de Sicyone.	395	2967
Amphimaque règne, obscurément, dans l'Elide.	399	2963

	Ere de Patos.	Durée jusqu'à nous.
Apothéose de Castor & de Pollux, les deux frères d'Hélène	400	2962
Oxythès hérite, à la mort de Démophon, de la couronne d'Athènes. .	409	2953
Ptolémée succède, dans Thèbes, à Damasichton. .	410	2952
Teucer bâtit Salamine.	420	2942
Aphydos remplace Oxythès sur le trône d'Athènes	421	2941
Thymète règne, après Aphydos, sur les Athéniens	422	2940
Détrônement de Zeusippe dans Sicyone. Le Prêtre Carnéen, Archelaüs, le remplace.	425	2937
Il faut observer ici qu'Eusèbe fait détrôner Zeusippe deux ans plus tard. Mais son autorité ne doit pas l'emporter sur celle de		

	Ere de Paros.	Durée jusqu'à nous.
Castor, qui fixe, 84 ans après la prise de Troye, l'expulsion du dernier Prêtre-Roi de Sicyone : calcul très-vraisemblable, & qui sert ici de base à notre Chronologie.		
Le Prêtre Automédon devient Roi de Sicyone.	426	2936
Méthodeutos le remplace sur le trône.	427	2935
Eunée succède à Méthodeutos.	428	2934
Théonome est couronné après Eunée.	429	2933
Eleus II monte sur le trône de l'Elide.		
Mélanthe est appellé au trône d'Athènes par Thymète.	430	2932
Mort de Ptolémée à Thèbes. Avènement de Xanthus.		

	Ere de Paros.	Durée jusqu'à nous.
Le Prêtre Amphyction devient Roi de Sicyone.		
Xanthus, Roi de Thèbes, est tué dans un combat singulier. Abolition de la Monarchie. Thèbes devient République . . .	432	2930
Charidème succède à Amphyction au trône de Sicyone.	439	2923
Mort d'Oreste, Roi de Sparte & de Mycènes. Avènement de Tisamène.	450	2912
Aristomaque, petit-fils d'Hyllus, vient ravager le Péloponèse (a)	452	2910

(a) Ici s'offre une grande question chronologique à expliquer. L'Histoire Grecque prétend que cette invasion des Héraclides fut comptée cent ans après la mort d'Eurysthée : or, ce Roi de Mycènes étant mort l'an 293 de l'Ere de Paros, il s'ensuivrait qu'Aristomaque vint redemander, à la Grèce, l'héritage d'Hercule, l'an 393 de la même Ere, c'est-à-dire près de

	Ere de Paros.	Durée jusqu'à nous.
Ligue des trois Héraclides, Témène, Cresphonte & Aristodème. Oxylos y entre, en interprétant un oracle.	452	2910

soixante ans avant l'époque où, d'après les monumens les plus authentiques, nous plaçons cet évènement : cette erreur de soixante ans ne peut s'expliquer qu'au moyen de deux conjectures, qui me semblent assez heureuses : 1°. Il me paraît démontré qu'il ne s'agit pas ici de la mort d'Eurysthée, mais de celle d'Hercule, la seule qui pouvait intéresser les Héraclides : le texte original a été évidemment altéré par la négligence des Copistes. 2°. Cette mort d'Hercule a été calculée d'après la tradition qui sert de fondement au Canon de Thrasylle ; tradition qui, plaçant le rétablissement des Jeux Olympiques par Hercule quarante-cinq ans après l'expédition des Argonautes, conduit à mettre, en effet, la mort du héros vers l'an 352 de l'Ere de Paros ; il ne s'agit pas ici d'examiner si l'opinion de Thrasylle, qui donnerait plus de quatre-vingt-dix ans à la vie d'Hercule, a quelque caractère de vraisemblance ; il suffit d'expliquer comment, dans une chronologie erronée, on

	Ere de Paros.	Durée jusqu'à nous.
Conquête des confédérés. Détrônement de Tisamène.	453	2909
Mort d'Aristomaque, quatre-vingts ans après la prise de Troye.		
Témène a le Royaume d'Argos en partage, vers. .	455	2907
Cresphonte obtient la Messenie.		
Lacédémone est le partage d'Aristodème.		
Oxilos dispute l'Elide, dans un combat singulier, & en devient Roi.	456	2906
Charidème est détrôné dans Sicyone. Dissolution de la Monarchie, 84 ans après la prise de Troye. .	457	2905
Colonie conduite à l'isle		

a pu dater l'invasion d'Aristomaque de l'année séculaire, qui répond à la mort d'Eurysthée, ou plutôt à la mort d'Hercule.

	Ere de Paros.	Durée jusqu'à nous.
de Mélos. Thucydide calcule, dans le livre V de son Histoire, qu'il y avait sept cents ans que cette colonie était fondée, la seizième année de la guerre du Péloponèse	466	2896
Mort de Mélanthe. Codrus lui succède sur le trône d'Athènes.		
Avènement d'Eurysthène & de Proclès, tige des deux dynasties des Agides & des Proclides, au trône de Lacédémone.	482	2880
Doridas & Hyantidas, descendans de Sisyphe, abandonnent la Monarchie de Corynthe aux Héraclides.	483	2879
Siége d'Athènes par les Héraclides. Mort héroïque de Codrus. Destruction de sa Monarchie.	487	2875

	Ere de Paros.	Durée jusqu'à nous.
Ici, les Rois commencent à ne fournir que des dates stériles à l'Histoire de la Grèce, & nous renvoyons les époques de leurs règnes obscurs & de leur mort, au troisième tableau chronologique, qui se trouve parmi les gravures.		
On commence à bâtir des villes dans l'isle de Lesbos, suivant l'Auteur ancien de la Vie d'Homère.	494	2868
Nélée fonde des villes sur les côtes de l'Asie mineure.	506	2856
Hippoclès & Mégathène bâtissent la ville de Cumes, suivant le 5e livre de la Géographie de Strabon.		
Médon, fils de Codrus, devient Archonte d'Athènes. Origine de l'Archontat perpétuel	512	2850

	Ere de Paros.	Durée jusqu'à nous.
Guerre d'Hélos, qui amène l'esclavage des Hilotes	524	2838
Les citoyens de Cumes vont bâtir Smyrne, dans l'Asie mineure.	532	2830
Tems où fleurit Hésiode.	638	2724
Bachis fonde, à Corynthe, la dynastie des Bachides	648	2714
Naissance de Lycurgue, cent cinquante ans avant l'Ere des Olympiades, suivant le livre premier des Stromates de Clément d'Alexandrie	656	2706
Les Rhodiens, suivant Eusèbe, commencent à avoir une marine. . . .	666	2696
Tems où fleurit Homère	675	2587
Règne de Lycurgue le Grand à Lacédémone,		

	Ere de Paros.	Durée jusqu'à nous.
pendant la grossesse de la Reine-mère, veuve de Polydecte	684	2678
Lycurgue se réunit avec Iphitus, pour rétablir les Jeux Olympiques. Cet évènement est antérieur de 108 ans à l'Olympiade de Corœbus, la première des Olympiades vulgaires.	698	2664
Voyages de Lycurgue.	709	2653
Lycurgue copie de sa main, dans l'Asie mineure, l'Iliade & l'Odyssée d'Homère, & les publie dans le Péloponèse, vers .	714	2648
Législation de Lycurgue.	719	2643
Mort de Lycurgue. Son apothéose.	726	2636
Caranus fonde la plus ancienne dynastie des Rois de Macédoine	775	2587
Les Corynthiens ima-		

	Ere de Paros.	Durée jufqu'à nous.
ginent, ou du moins renouvellent l'ufage des Trirèmes.	796	2566
Le Philofophe Scythe, Abaris, fuivant des autorités fufpectes, vient dans le Péloponèfe.	822	2540
Archias conduit une colonie de Corynthe à Syracufe.	824	2538
Inftitution des Archontes décennaux dans Athènes	828	2534
Etabliffement des Prytanes à Corynthe	837	2525
Première guerre de Meffène.	838	2524
Mifcellos va bâtir Crotone dans la grande Grèce, fuivant Eusèbe	872	2490
Phalante, à la tête des Parthéniens, bâtards de Lacédémone, vient fonder Tarente en Italie.	878	2484

	Ere de Paros.	Durée jusqu'à nous.
Les Corynthiens fondent la ville de Corcyre.	879	2483
Tems probable, où l'on peut placer la fondation de Géla en Sicile.	886	2476
Tems où l'on place la fondation de Chalcédoine.	895	2467
Seconde guerre de Messène.	897	2465
Etablissement de l'Archontat annuel dans Athènes	898	2464
Le Poète Tyrtée combat pour Lacédémone.	900	2462
Les restes de Messéniens font voile pour l'Italie, & fondent la ville de Messine en Sicile.	912	2450
Les Rhodiens font l'apothéose d'Aristomène.		
Fondation probable de Byzance (aujourd'hui Constantinople).		

	Ere de Paros.	Durée jusqu'à nous.
Cypsélus rétablit l'ancienne Monarchie dans Corynthe.	927	2435
Les Mégariens fondent, en Sicile, la ville de Sélinonte	937	2425
Naissance de Thalès. .	942	2420
Battus fonde la petite Monarchie de Cyrène en Lybie, qui dura, à ce qu'on croit, deux cents ans. . .	950	2412
Tyrannie de Périandre, un des sept Sages de la Grèce.	957	2405
Législation de Dracon, la première année de la trente-neuvième Olympiade	958	2404
Naissance du Philosophe Xénophane	962	2400
Tems où fleurit Pittacus, un des sept Sages.	970	2392
Tems où fleurit Bias de Priène, un des sept Sages.	974	2388

	Ere de Paros.	Durée jusqu'à nous
Pittacus a le courage d'abdiquer la tyrannie de Mitylène.	975	2387
Tems où fleurit le Poète Alcée	978	2384
On place, vers cette époque, la célèbre Sappho.	980	2382
Les Phocéens viennent fonder Marseille	982	2380
Conjuration de Cylon dans Athènes, & son supplice.		
Voyage d'Epiménide dans Athènes.	984	2378
Solon est nommé Archonte & Législateur d'Athènes.	988	2374
Première guerre Sacrée.	990	2372
Jeux Pythiques, établis à Delphes par les Amphyctions	995	2367
Epoque où une tradition Grecque place la naissance de Pythagore	996	2366

	Ere de Paros.	Durée jusqu'à nous.
Corynthe chasse ses tyrans, & devient République	1000	2362
Tems où fleurit Esope le Fabuliste.	1010	2352
Mort de Pittacus. . . .	1012	2350
Règne de Crésus en Lydie.	1016	2346
Commencement de la tyrannie de Pisistrate . . .	1021	2341
Chilon, un des sept Sages, est fait Ephore de Lacédémone	1026	2336
Mort du Philosophe Scythe Anacharsis.	1028	2334
Dissolution de la Monarchie de Phrygie. . . .	1030	2332
Destruction de la Monarchie de Lydie.	1034	2328
Mort de Thalès de Milet, le Fondateur de l'Ecole Ionienne.		
Mort du Philosophe Anaximandre.	1035	2327

	Ere de Paros.	Durée jusqu'à nous.
Tems où l'on dit que fleurit le Philosophe Phérécyde	1038	2324
Thespis, du haut de ses tréteaux, joue la tragédie.	1045	2317
Tems où fleurit Anacréon	1050	2312
Triomphe de Milon de Crotone aux Jeux Olympiques.		
Mort d'Anaximène & de Pisistrate.	1054	2308
Tems où fleurit le Poète Simonide.	1055	2307
Naissance d'Eschyle . .	1057	2305
Naissance de Pindare, suivant Suidas	1062	2300
Révolution dans Athènes, due au courage d'Harmodius & d'Aristogiton. .	1070	2292
Institution de l'Ostracisme dans Athènes.		
Expulsion d'Hippias. Fin		

de

	Ere de Paros.	Durée jusqu'à nous.
de la domination de la famille de Pisistrate dans Athènes.	1072	2290
Pythagore vient en Italie, & s'établit à Crotone.	1073	2289
Milon de Crotone défait les Sybarites. Destruction de Sybaris.	1074	2288
Mort de Pythagore (d'autres la reculent de 9 ans)	1076	2286
Première guerre des Perses contre les Grecs. .	1077	2285
Prise & incendie de Sardes.	1078	2284
Tems où fleurit le Philosophe Parménide.		
Tems où fleurit Démocrite.	1082	2280
Mort de Cléobule de Linde, un des sept Sages.		
Naissance d'Anaxagore.		

	Ere de Paros.	Durée jusqu'à nous.
Tems où l'histoire de la Philosophie fait fleurir Zénon d'Elée.	1083	2279
Conquête de l'Ionie par les Perses.	1084	2278
Naissance de Sophocle.	1087	2275
Fondation du Temple de Minerve, dans Athènes.		
Invasion du Satrape Datis en Europe	1090	2272
Bataille de Marathon, suivant les Marbres (d'autres autorités la placent l'année suivante)	1091	2271
Gélon se fait Préteur de Syracuse.		
Procès de Miltiade. Mort de ce héros au fond d'une prison	1092	2270
Epoque où fleurit l'ancien Simonide.		
Naissance d'Euripide. .	1095	2267
Eschyle remporte le prix de la Tragédie.	1096	2266

	Ere de Paros.	Durée jusqu'à nous.
Tems où d'anciens monumens placent la naissance d'Hérodote.	1098	2264
Exil d'Aristide.	1099	2263
Fameuse paix de Gélon en Sicile, où ce grand homme stipule que Carthage n'immolera plus de victimes humaines.		
Journée des Thermopyles, & bataille de Salamine, suivant les Marbres.		
Bataille de Platée. Première éruption du mont Etna	1100	2262
Gélon est nommé Roi de Syracuse.	1101	2261
Statues érigées, dans Athènes, à Harmodius & à Aristogiton	1102	2260
Invasion de Xerxès en Grèce, suivant la manière ordinaire de calculer les		

	Ere de Paros.	Durée juſqu'à nous.
Olympiades. C'eſt à cette même année que, d'après ce ſyſtême, on rapporte la journée des Thermopyles., la mort de Léonidas, les batailles navales d'Artémiſe & de Salamine, & l'incendie d'Athènes.		
Batailles de Platée & de Mycale, dans le ſyſtême qu'on vient d'expoſer.	1103	2259
Thémiſtocle va demander un aſyle au Roi de Perſe.	1111	2251
Naiſſance de Socrate & de Thucydide.	1112	2250
Sophocle remporte le prix de la Tragédie.		
Tremblement de terre à Sparte, qui fait périr vingt mille hommes	1113	2249
Trahiſon & ſupplice de Pauſanias.		

	Ere de Paros.	Durée jusqu'à nous.
La ville de Mycènes est prise & renversée par les Argiens.	1114	2248
Tems où fleurit le Peintre Xeuxis.		
Mort d'Eschyle	1115	2247
Syracuse se gouverne en forme de République.	1117	2245
Colonie de dix mille hommes qu'Athènes envoie à Amphipolis. . . .	1118	2246
Exil de Cimon	1122	2240
Naissance du Médecin Hippocrate.		
Mort du Poète Eschyle.	1125	2237
Retraite glorieuse des Grecs, après la prise de Byblos en Egypte.	1126	2236
Bataille d'Eurymédon, gagnée par Cimon	1132	2230
Naissance de Xénophon.		
Mort de Cimon & de		

	Ere de Paros.	Durée jusqu'à nous.
Thémiſtocle. Traité de paix entre la Grèce & la Perſe	1133	2229
Chérondas donne des loix dans Thurium. . . .	1136	2226
Tems où fleurit Empédocle.	1138	2224
Commencement de la grande puiſſance de Piſiſtrate.	1139	2223
Euripide remporte, pour la première fois, le prix de la Tragédie.		
Paix univerſelle ſur le globe, s'il en faut croire Diodore	1140	2222
Hérodote lit publiquement ſon hiſtoire dans Athènes.		
Le bélier, la tortue, & d'autres machines de guerre ſont inventées ou rectifiées par Artémon de Clazomène.	1141	2221

	Ere de Paros.	Durée jusqu'à nous.
Commencement de la célébrité d'Aspasie.		
Sophocle est élu Général d'Athènes.	1144	2218
Naissance d'Isocrate. Tems où fleurissaient Empédocle & Parménide.		
Commencement de la guerre du Péloponèse. . .	1151	2211
Naissance de Platon (d'autres la placent en 1153, & même en 1154).	1152	2210
Peste célèbre qui désole l'Asie & la Grèce.		
Mort de Périclès . . .	1153	2209
Prise de Platée.	1155	2207
Prise de Mitylène. Sentence de mort, portée contre les habitans, & révoquée.		
Mort du Sculpteur Phidias & de l'Astronome Méton.	1156	2206
Tremblement de terre		

	Ere de Paros.	Durée jusqu'à nous.
dans le Péloponèse & dans l'Archipel, qui fait une isle de la presqu'isle de l'Eubée.	1157	2205
Première représentation de la Farce des Nuées . .	1158	2204
Seconde représentation de la Farce des Nuées . .	1160	2202
Paix d'un demi-siècle entre Athènes & Lacédémone, qui n'est point observée.		
Exploits guerriers d'Alcibiade.		
Flotte envoyée pour la conquête de la Sicile, sous la conduite de Nicias, de Lamachus & d'Alcibiade.	1167	2195
Prétendu sacrilége d'Alcibiade; il est condamné à mort, & il se sauve à Lacédémone.		
Les Athéniens mettent à prix la tête de l'athée Diagoras.		

	Ere de Paros.	Durée jusqu'à nous.
Les Athéniens sont battus, sur terre & sur mer, dans la Sicile : ils perdent leurs Généraux avec quarante mille hommes . . .	1169	2193
Tyrannie des Quatre Cents dans Athènes. Rappel d'Alcibiade.	1170	2192
Annibal prend & renverse Sélinonte en Sicile.	1173	2189
Tyrannie de Denys l'ancien à Syracuse.	1174	2188
Mort d'Euripide, suivant les Marbres.	1175	2187
Nouvelle invasion d'Annibal en Sicile : mort de ce Général	1176	2186
Victoire des Arginuses : supplice des Généraux vainqueurs.		
Magistrature de Socrate. Expédition de Cyrus le jeune, suivant les Marbres, & mort de Sophocle.		

	Ere de Paros.	Durée jusqu'à nous.
Bataille d'Egos - Potamos, gagnée par Lysandre, Amiral de Lacédémone, & siége d'Athènes	1177	2185
Prise d'Athènes, & fin de la guerre du Péloponèse.	1178	2184
Tyrannie des Trente dans Athènes. Assassinat d'Alcibiade.		
Trasibule délivre sa patrie de la tyrannie des Trente	1179	2183
Bataille de Connaxa. Commencement de la Retraite des Dix-Mille . . .	1181	2181
Fin de la Retraite des Dix-Mille.	1182	2180
Jugement & supplice de Socrate.		
Massacre des Carthaginois dans Syracuse	1183	2179
Siége de Syracuse par le Suffète Imilcon. Peste		

	Ere de Paros.	Durée jusqu'à nous.
horrible, qui fait le ravage dans son armée, & levée du siége	1186	2176
Agésilas bat le Satrape Tissapherne, & rend la liberté aux villes Grecques de l'Asie mineure.		
Victoire de Conon sur les Lacédémoniens, qui perdent l'empire de la mer	1188	2174
Magon, Général de Carthage, est vaincu par Denys en Sicile	1189	2173
Paix ignominieuse de la Grèce avec la Perse, connue sous le nom de Traité d'Antalcidas . . .	1195	2167
Naissance d'Aristote. .	1198	2164
Mort du Poète Philoxène.	1202	2160
Tems où fleurit le Philosophe Pyrhon.	1205	2157
Apparition d'une gran-		

	Ere de Paros.	Durée jusqu'à nous.
de comète, s'il en faut croire la Chronique des Marbres.	1209	2153
Bataille de Leuctres. .	1211	2151
Mégalopolis est construite en Arcadie	1212	2150
Mort de Denys l'ancien, Tyran de Sicile. .	121[illegible]	2148
Tems où fleurit l'Historien Théopompe. . . .	1215	2147
Mort de Xénophon. .	1222	2140
Avènement de Philippe au trône de Macédoine. .	1225	2137
Agésilas donne un Roi à l'Egypte.	1226	2136
Naissance d'Alexandre-le-Grand, suivant les Marbres.	1227	2135
Mort de Dion, le Libérateur de Syracuse	1228	2134
Les neuf Rois de l'isle de Chypre secouent le joug de la Perse. Ochus reconnaît leur indépendance. .	1230	2132

	Ere de Paros.	Durée jusqu'à nous.
Mort de Platon. Tems où fleurit le Poète Comique Ménandre	1234	2128
Victoire de Timoléon sur les Carthaginois en Sicile.	1238	2124
Denys le jeune se retire à Corynthe.	1239	2123
Naissance d'Epicure . .	1240	2122
Exploits de Phocion. .	1241	2121
Bataille de Chéronée. Mort de l'Orateur Isocrate	1244	2118
Mort de Timoléon. .	1245	2117
Avènement d'Alexandre-le-Grand au trône de Macédoine	1246	2116
Prise de Thèbes par les Macédoniens, & ruine de cette ville.	1247	2115
Guerre d'Alexandre contre Darius. Victoire du Granique	1248	2114
Bataille d'Issus. Défaite		

	Ere de Paros.	Durée jusqu'à nous.
de la nombreuſe armée de Darius, & captivité de ſa famille.	1249	2113
Priſe de Tyr & de Gaza par Alexandre. Conquête de l'Egypte.	1250	2112
Couronne de Sidon, donnée au Jardinier Abdolonyme.		
Bataille d'Arbelles . .	1251	2111
Le Conquérant entre dans Suze. Pillage & incendie de Perſépolis. . .	1252	2110
Aſſaſſinat de Darius.		
Prétendue conſpiration de Philotas. Mort de ce Général & de ſon père Parménion	1253	2109
Alexandre épouſe Statyra, fille de Darius. Son couronnement comme Roi de Perſe	1254	2108
Expédition de l'Inde. Défaite de Porus. Navi-		

	Ere de Paros.	Durée jusqu'à nous.
gation de Néarque, & retour d'Alexandre en Perse.	1255	2107
Callisthène envoie de Babylone, à Aristote, son fameux Recueil d'observations Chaldéennes, qui renfermaient un intervalle de 1903 ans. Supplice de ce Philosophe.		
Mort d'Ephestion. . .	1256	2106
Entrée triomphante d'Alexandre à Babylone. . . .	1257	2105
Mort d'Alexandre. Aridée, phantôme de Roi, lui succède. Les Généraux du Conquérant se partagent son Empire.	1258	2204
Mort de Diogène le Cynique.		
Démosthène s'empoisonne. Mort d'Aristote. Naissance de Théophraste.	1260	2102
Le Poète Ménandre fait		

	Ere de Paros.	Durée jusqu'à nous.
représenter, dans Athènes, sa première Comédie.		
L'Orateur Hypéride est tué, par l'ordre d'Antipater.	1261	2101
Athènes se rend à Cassandre.	1264	2098
Agathocle se fait tyran de Sicile	1265	2097
Aridée périt par l'ordre d'Olympias, mère d'Alexandre.	1266	2096
Cassandre fait mourir Olympias.		
Cassandre tue Roxane & son fils, & usurpe le trône de Macédoine . . .	1271	2091
Descente d'Agathocle en Afrique	1272	2090
Tems où fleurit Zénon, chef de la secte des Stoïciens.	1273	2089
Démétrius, fils d'Antigone, rend à Athènes sa liberté.	1275	2087

	Ere de Paros.	Durée jusqu'à nous.
Agathocle perd sa puissance en Afrique; il revient en Sicile.		
Siége de Rhodes par Démétrius Poliocertes . .	1277	2085
Tems où fleurit Arcésilas, fondateur de la nouvelle Académie.	1282	2080
Siége d'Athènes par Démétrius Poliocertes. .	1285	2077.
Prise d'Athènes. Clémence de Démétrius. . .	1286	2026
Règne de Pyrrhus-le-Grand en Epire.	1287	2075
Empoisonnement d'Agathocle	1293	2069
Tems où fleurit le Mathématicien Euclide. . . .	1294	2068
Mort de Démétrius de Phalère	1298	2064
Guerre de Pyrrhus en Sicile	1304	1058
Pyrrhus est tué au siége d'Argos.	1310	2052

	Ere de Paros.	Durée jusqu'à nous.
C'est à cette époque qu'une tradition, peut-être suspecte, place la mort d'Epicure.	1311	2051
Paix des Romains avec Hyéron, Roi de Sicile. .	1319	2043
Tems où fleurit Eratosthène	1327	2035
Tems où fleurit le Poète Théocrite.	1330	2032
Aratus devient Préteur de la République des Achéens.	1331	2031
Descente des Romains en Sicile. Siége de Lilybée.	1332	2030
Tems où fleurit le Poète Callimaque.	1338	2024
Epoque où l'on place la célébrité d'Apollonius de Rhodes.	1340	2020
Tremblement de terre qui renverse le colosse de Rhodes.	1358	2004
Mort d'Hyéron en Sicile, & avènement d'Hyéronyme	1367	1995

	Ere de Paros.	Durée jusqu'à nous.
Siége de Syracuse par une armée de terre & une flotte de Marcellus	1368	1994
Prise de Syracuse. Mort d'Archimède. La Sicile devient province Romaine.	1370	1992
Philopémen défait & tue Machanidas, Tyran de Lacédémone	1376	1986
Naissance de l'Historien Polybe.		
Philopémen fait abattre les murs de Lacédémone, & abroge les loix de Lycurgue	1394	1968
Mort de Philopémen.	1399	1963
Décadence de la République des Achéens . . .	1402	1960
Tems où fleurissent les Poètes Bion & Moschus.		
Paul Emile réduit la Macédoine en province Romaine	1415	1947

	Ere de Paros.	Durée jusqu'à nous.
Le Consul Mummius se rend maître de l'Achaye. Incendie de Corynthe. Rome supprime les Etats-Généraux de la Grèce. Anéantissement de toutes ses Républiques, & fin de son histoire.	1436	1926

INTERPRÉTATION

DES MOTS LES PLUS USITÉS, QUI DÉSIGNENT LA MYTHOLOGIE DE LA GRÈCE, SES DIGNITÉS ET SES USAGES.

DANS le dessein d'ôter à cette histoire toute son aridité, nous n'avons pas voulu couper à chaque instant le fil des évènemens, par l'interprétation d'une foule de mots techniques, qui n'auraient annoncé qu'une vaine érudition grammaticale : voici le moment de suppléer à notre silence ; & grace au travail très-estimé d'un Allemand (a), nos recherches

(a) *Antiquit. Græc.* à Lamb. Bos, dont nous avons une traduction trop peu connue, par Lagrange, l'élégant Traducteur de Lucrèce.

à cet égard se borneront presque à une simple analyse.

RELIGION. — Les Grecs avaient douze Dieux de la première classe.

ZÉUS	Vulcain.
POSEIDON . .	Neptune.
APOLLON . . .	Apollon.
PALLAS . . .	Minerve.
DÉMÉTÈS . . .	Cérès.
HÉPHAISOS . .	Vulcain.
HÉRA	Junon.
ARÈS	Mars.
HERMÈS . . .	Mercure.
ARTÉMIS . .	Diane.
APHRODITÉ . .	Vénus.
ESIA	Vesta.

Outre ces grands Dieux, les Grecs connoissaient des êtres intermédiaires entre les immortels & les hommes. Ils les appellaient DAIMONES, & ce mot nous semble correspondre à celui de génies.

Leurs HÉROS étaient des hommes divinisés ; nous les connaissons sous le nom de demi-Dieux.

Les Dieux de la Grèce paraissaient la gouverner par la voie des Oracles.

Nous avons parlé de l'Oracle de Dodone en Epire, où des Chênes prophétisaient sous le nom de Jupiter.

L'Oracle de Delphes, le plus célèbre de tous ceux qui ont existé dans l'antiquité, parlait au nom D'APOLLON PYTHIEN, ou d'Apollon qui tua le serpent Python. La Prêtresse, qui, en qualité d'interprète d'Apollon, adoptait tous ses noms, s'appellait PYTHIE. La plus fameuse fut, dit-on, Phémonoë, espèce d'improvisatrice, qui donna la première ses réponses en vers hexamètres.

L'Oracle de Trophonius, dans un bois de la Béotie, tirait son nom d'un frère d'Agamède, qui prophétisait dans le creux d'un rocher, & dont le peuple après sa mort fit l'apothéose.

Il y avait d'autres Oracles moins fameux, tels que ceux de Colophon &

d'Amphiaraüs, où les Prêtres trafiquaient obſcurément de l'ignorance des peuples & de leur crédulité.

La divination était une ſuite de l'imposture ſacrée des Oracles. Ceux qui liſaient l'avenir dans le chant ou le vol des oiſeaux, s'appellaient OIONOSCOPES; ceux qui l'étudiaient dans les entrailles des victimes, HIEROSCOPES; & ceux qui ne s'attachaient qu'aux vains préſages des ſonges, ONEIROSCOPES.

On déſignait les diverſes divinations par le coq, par le crible, par les eaux & par les morts, ſous les noms D'ORNITHOMANCIE, de KOSKINOMANCIE, D'HYDROMANCIE & de NÉGROMANCIE.

Les Prêtres avaient donné aux Grecs un grand nombre de fêtes, afin de s'enrichir plus vîte par leurs offrandes.

Les ADONIENNES étaient les fêtes de Vénus & d'Adonis qu'on célébrait durant deux jours: on paſſait le premier dans la douleur & le ſecond dans la joie.

Les ANTHESTÉRIES, ainſi nommées du

mois grec où on les célébrait, étaient en l'honneur de Bacchus, ainsi que les APATURIES. Ce dernier mot, qui est dérivé de ruse, avait rapport à un stratagême de Mélanthe, Roi d'Athènes, stratagême qui lui servit à vaincre un Roi de Béotie.

Les DAPHNÉPHORIES se célébraient tous les neuf ans chez les Béotiens en l'honneur d'Apollon, qui, tout Dieu qu'il était aux yeux de la Nymphe Daphné, ne put s'en faire aimer.

C'est aux fêtes DYONISIENNES, en l'honneur de Bacchus (Dyonisus), qu'on portait en procession le Phallus, s'il faut en croire le Philosophe Plutarque.

Les ELEUSINIENNES étaient les fêtes les plus solemnelles du Péloponèse. Cérès en était l'objet, & la ville d'Eleusis passait pour le chef-lieu de son culte.

On donnait au Grand-Prêtre, qui initiait dans les mystères d'Eleusis le nom de MYSTAGOGUE ou D'HYÉROPHANTE.

Athènes honorait aussi Cérès, comme

légiſlatrice, dans des fêtes qu'elle appellait à cet effet THESMOPHORIES.

Minerve, qui donna ſon nom à Athènes, grace au Roi Erichton, s'y vit honorée dans la fête des PANATHÉNÉES.

ECONOMIE POLITIQUE. — Nous avons vu dans le cours de cet ouvrage comment les Archontes d'Athènes ſuccédèrent à ſes Rois; pourquoi le premier, comme chef du collége, fut L'ARCHONTE par excellence; par quelle condeſcendance on permit au ſecond de porter le nom de ROI; d'où venait le titre de POLÉMARQUE, donné au troiſième; & celui de THESMOTHÈTES, que tous les autres partageaient également.

Le nom D'ECLESIA déſignait l'aſſemblée générale de la nation, en qui réſidait la ſouveraineté.

L'Aréopage (ou colline de Mars), ainſi appellé, parce que Mars y ſubit le premier jugement, était la Cour de Juſtice la plus ancienne & la plus reſpectable d'Athènes ; par un règlement de Solon, on ne pouvait y être reçu, qu'après avoir été Archonte.

Les Sénateurs de l'Aréopage donnaient leurs suffrages avec une boule d'airain ou de bois. La première, ELEOU, était la boule d'absolution. La seconde, THANATOU, était la boule de mort.

La jurisdiction des EPHÈTES s'appellait ainsi, d'un mot grec qui signifie *appeller*; parce qu'on appellait à cette Cour de Justice, des autres Tribunaux subalternes.

Le Soleil (l'*Helios* des Grecs) était l'étymologie du Tribunal des HÉLIASTES. Les Juges s'assemblaient, en effet, dans un lieu découvert & exposé aux rayons du soleil.

Les supplices en usage à Athènes étaient l'ATIMIA ou l'infamie, le DOULEIA ou la servitude, les STIGMATES ou les caractères imprimés sur le front ou sur la main d'un esclave, le STÈLE ou le tableau du délit gravé sur une colonne.

On connaît l'exil ordinaire, l'ostracisme, les chaînes & la mort.

Si l'on examine l'économie politique du côté de la guerre, on trouve l'infanterie des Grecs divisée ordinairement en trois classes de soldats ; les OPLITAI ou les hommes pesamment armés, les PSILOI ou les fantassins armés à la légère, & les PELTASAI, ainsi nommés d'un bouclier particulier appellé *Pelta*, & qui tenaient le milieu entre les Psiloi & les Oplitai.

Tout Athénien était obligé de s'enrôler, dès que son nom était inscrit dans la liste LEXIARCHIQUE, c'est-à-dire, dès qu'il avait atteint l'âge de dix-huit ans.

Les plus anciennes machines de guerre étaient les CLIMAQUES ou les échelles préparées, avec lesquelles on escaladait les remparts.

On imagina ensuite le CRIOS ou le Bélier, pour saper les murs ; le CHELONÉ ou la Tortue, sous laquelle les assiégeans se mettaient à couvert des traits des ennemis ; le CHOMA, l'éminence, espèce de montagne factice destinée à dominer les fortifications d'une ville; les PURGOI ou les tours de bois qu'on amenait avec des roues aux pieds de la brèche, & les CATAPULTES ou machines à lancer des flèches. Nous avons expliqué dans l'histoire du siége de Rhodes ce qu'on entendait par les HÉLÉPOLES & les PÉRIDROMES.

USAGES DES GRECS. — Les Spectacles nationaux, connus sous le nom de Jeux, doivent entrer les premiers dans ce tableau étymologique. Le DROMOS, la course; l'ALMA, le saut; le PALÉ, la lutte; & le DISQUE avec le PUGILAT, dont les noms sont tous deux dérivés du grec, formaient le PENTATHLE ou les cinq combats en usage dans les Gymnases.

Les quatre grands jeux de la Grèce étaient les PYTHIENS, les ISTHMIENS, les NÉMÉENS & les OLYMPIQUES.

Les Jeux Olympiques se célébraient à Olympie, ville de l'Elide, après quatre ans révolus. Ces Jeux, les plus célèbres de la Grèce, ont donné naissance à une supputation chronologique, connue sous le nom D'ERE des OLYMPIADES.

Les Jeux Pythiens se célébraient à Delphes en l'honneur d'Apollon, vainqueur du serpent Python. Ils ne revenaient d'abord que tous les neuf ans. L'intervalle fut dans la suite réduit à cinq, par un décret des Amphyctions.

Les concours de musique étaient adoptés dans les Jeux de Delphes, & on y jouait de la lyre sur le nome Pythien, en mémoire du Dieu qui y était invoqué.

Les Jeux Néméens furent institués dans une forêt de Némée, située entre les villes de Cléones & de Phliunte. On les nommait TRICTÉRIQUES, parce qu'on les célébrait tous les trois ans.

Les Jeux Isthmiens ou Isthmiques étaient ceux de l'Isthme de Corinthe. Ils étaient Trictériques comme les Jeux Néméens.

La mesure du tems chez les Grecs mérite ici une place particulière, à cause des erreurs essentielles, qui pourraient, à cette occasion, se glisser dans la chronologie.

Le premier mois de l'année grecque commençait à la nouvelle lune d'après le solstice d'été ; ce qui répond à la dernière partie de notre mois de Juin & à la première de notre mois de Juillet.

Voici les noms des douze mois, noms qui presque tous consacrés par la Religion, désignent des fêtes ou des sacrifices.

L'Hécatombaion, moitié Juin & moitié Juillet.

Le Métageitnion, moitié Juillet & moitié Août.

Le Boëdromion, moitié Août & moitié Septembre.

Le Maïmacterion, moitié Septembre & moitié Octobre.

Le Pyanepsion, moitié Octobre & moitié Novembre.

L'Anthestérion, moitié Novembre & moitié Décembre.

Le POSEÏDEON, moitié Décembre & moitié Janvier.

Le GAMÉLION, moitié Janvier & moitié Février.

L'ELAPHÉBOLION, moitié Février & moitié Mars.

Le MUNYCHION, moitié Mars & moitié Avril.

Le TARGHÉLION, moitié Avril & moitié Mai.

Le SCIROPHORION, moitié Mai & moitié Juin.

Quand la Philosophie commença à être honorée dans la Grèce, il y eut trois rendez-vous de Sages qui devinrent peu-à-peu célèbres. C'étaient L'ACADÉMIE, le LYCÉE & le CYNOSARGE ou l'école d'Antisthène.

La Jeunesse, de son côté, s'assemblait aux Gymnases, & outre les exercices dont nous avons parlé à l'article des Jeux, elle cultivait les Arts agréables, tels que la Musique & la Danse.

La Musique admettait sept notes,

toutes consacrées aux Planètes ; à savoir, l'UPATÉ à la Lune, le PARUPATÉ à Jupiter, le LIGANOS à Mercure, le MÉSÉ au Soleil, le PARAMÉSÉ à Mars, le TRITÉ à Vénus, & le NÉTÉ à Saturne.

Le NOMOS désignait le mode dans lequel les Musiciens chantaient, & ces modes étaient au nombre de quatre. Le PHRYGIEN désignait un mode religieux, le LYDIEN un mode consacré à la douleur, l'IONIQUE un mode gai, & le DORIQUE un mode d'un caractère guerrier. Les instrumens principaux des Grecs étaient le SISTRE, qu'ils avaient emprunté de l'Orient, la LYRE, la FLUTE & le CHALUMEAU.

Les Grecs originairement marchaient tête nue. On parle seulement d'un privilége des anciens habitans d'Athènes de porter des TETTIGES ou des cigales d'or dans leurs cheveux, pour désigner qu'ils étaient indigènes ou AUTOCHTONES.

L'habit de dessous des deux sexes était une espèce de robe flottante, & une autre, qui avait beaucoup de rapport à la toge Romaine, servait d'habit extérieur aux hommes; c'était le PÉPLOS qui tenait lieu de ce dernier aux femmes, ce qui ne les empêchait pas d'y ajouter le STOLÉ ou une robe longue qui leur descendait jusqu'aux talons. On connaissait sous le nom d'EPOMIS le manteau des Athéniennes, & sous la dénomination de TRIBON celui des Philosophes. Le reste de la parure des femmes ne doit point entrer ici, parce que l'histoire des hommes n'est point un livre de boudoir.

On ne se servait point chez les Grecs du mot *mourir*, à cause du mauvais présage. On y suppléait par d'autres équivalens : tels que *il a été*, *il s'est endormi*, *il a vécu*.

On enlevait les corps morts, avant le lever du soleil, pour célébrer leurs funérailles, & il y avait des chants lugubres différens, soit pour la marche du convoi, soit autour du bûcher, soit à l'entrée du monument où l'on déposait la cendre.

Outre les mausolées, on élevait quelquefois aux grands hommes des tombeaux, où on ne déposait ni leur cendre ni leurs ossemens, & qu'on nommait des CÉNOTAPHES.

Les traîtres & les sacriléges, étaient les seuls qu'on jugeait indignes des honneurs de la sépulture.

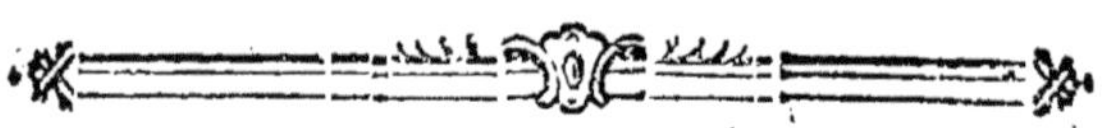

SUPPLÉMENT A L'HISTOIRE DE LA GRÈCE, OU TABLEAU DES OLYMPIADES.

IL manquerait quelque chose à l'Histoire de la Grèce, si nous ne nous arrêtions pas un moment sur son Ere célèbre des Olympiades, qui constitue, avec celle de Callisthène, la Chronique de Paros, & les Fastes du Capitole, les quatre plus beaux monumens de chronologie qui nous restent de l'antiquité.

Les Jeux Olympiques, qui ont donné naissance à l'Ere des Olympiades, se célébraient, comme nous l'avons vu ailleurs, après quatre ans révolus, vers la nouvelle lune la plus voisine du Solstice d'été; quoiqu'ils n'aient jamais été discontinués depuis Iphitus, contemporain de Lycurgue, par une bisarrerie dont la Critique ne saurait rendre raison, ils n'ont commencé à servir de base à la Chronologie Grecque, que cent huit ans après cette époque mémorable; c'est la victoire de l'Athlète Corœbus, remportée 776 ans avant l'Ere vulgaire, c'est-à-dire l'an 806 de l'Ere de Paros, qui constitue, dans les annales du Péloponèse, la première des Olympiades.

Il faut faire une attention dans l'usage des années Olympiques, c'est qu'elles ne commencent que vers le 22 de Juin, ce qui répond au milieu des années de nos Eres vulgaires; alors, il faut avoir recours au mois (quand il est désigné par les Historiens), pour ne point se tromper dans ses calculs: sans cette attention, on pourrait faire passer, sans le ſavoir, des erreurs d'une année entière dans ſa Chronologie.

Hérodote ne ſe ſert point, dans ſes ſupputations, de l'Ere des Olympiades; mais elle eſt la baſe de la Chronologie de Thucydide, de Xénophon, de Polybe & de Diodore. Il n'eſt point indifférent de voir les époques, données par ces grands Hiſtoriens, recueillies dans le même Tableau.

La Chronologie des Olympiades paraît ici calculée ſuivant l'Ere de Paros; & l'an 806, qui paraît en tête du Tableau, répond à l'an 2556 avant l'époque où nous écrivons cette Hiſtoire (*a*).

On trouvera le nom des Archontes d'Athènes, avec les variantes des Hiſtoriens, mais ſeulement depuis Créon, le premier

(*a*) Il ne faut jamais perdre de vue, que la durée juſqu'à nous, dans tout le cours de cet Ouvrage, a toujours été calculée ſeulement juſqu'à notre année 1780.

des Archontes annuels; car les Archontes perpétuels & les Archontes décennaux, se trouvent dans nos Tableaux gravés de la Chronologie des Monarchies de la Grèce.

Parmi les évènemens que les Xénophon, les Thucydide, les Polybe & les Diodore placent sous leurs années Olympiques, il y en a un certain nombre qu'on trouve déja dans nos Fastes de la Grèce, & que nous ne ferons point reparaître ici; nous nous bornerons aux faits moins importans des annales Grecques, & nous y joindrons quelques traits mémorables des Histoires étrangères, afin de faire pressentir d'avance les points d'appui de notre Chronologie universelle.

Le nom propre, en caractères italiques, qu'on voit au-dessous de chaque Olympiade, désigne toujours l'Athlète vainqueur aux Jeux Olympiques; ceux qu'on lit aussi, en caractères italiques, à la suite des années Olympiques, sont les noms des Archontes d'Athènes. Au reste, on observera que les Archontes ne font cités exactement par les Hiftoriens Grecs, que depuis la foixante & onzième Olympiade.

TABLEAU DES OLYMPIADES.

Ere de Paros.	Ann. Olymp.	
		OLYMPIADE I.
		Corœbus.
806	1	Corœbus est vainqueur aux jeux Olympiques, & son nom sert d'époque à la première des Olympiades.
807	2	
808	3	
809	4	
		OLYMPIADE II.
		Antimaque.
810	1	
811	2	Naissance de Romulus, suivant quelques historiens.
812	3	
813	4	

Ere de Paros.	Ann. Olymp.	
		OLYMPIADE III. *Androcle.*
814	1	Le Philosophe Abaris vient, à ce qu'on prétend, de la Scythie septentrionale dans le Péloponèse.
815	2	
816	3	
817	4	
		OLYMPIADE IV. *Polycharès.*
818	1	
819	2	
820	3	On commence dans Athènes à fabriquer des trirèmes.
821	4	
		OLYMPIADE V. *Eschines.*
822	1	Institution des Ephores, pour servir de contrepoids à l'autorité des Monarques de Lacédémone.
823	2	

Ere de Paros.	Ann. Olymp.	
824	3	Fondation de Syracuſe, ſuivant les marbres.
825	4	

OLYMPIADE VI.

Œbotas.

826	1	
827	2	
828	3	Inſtitution des Archontes décennaux dans Athènes.
829	4	Fondation de Rome, ſuivant la ſupputation de Varron.

OLYMPIADE VII.

Daïclès.

830	1	Daïclès eſt le premier des Athlètes vainqueurs, qui reçoit une couronne.
831	2	
832	3	Enlèvement des Sabines, par les brigands de Rome naiſſante.
833	4	

Ere de Paros.	Ann. Olymp.	
		OLYMPIADE VIII.
		Anticlès.
834	1	
835	2	Quelques Historiens placent ici le commencement de l'Ere de Nabonassar, en usage chez les Astronomes.
836	3	
837	4	
		OLYMPIADE IX.
		Xenoclès.
838	1	
839	2	Commencement d'une guerre de neuf ans, entre Messene & Lacédémone.
840	3	
841	4	
		OLYMPIADE X.
		Dotadès.
842	1	
843	2	

Ere de Paros.	Ann. Olymp.	
844	3	Retraite des Messéniens vaincus, sur le mont Ithome.
845	4	
		Olympiade XI. *Léocharès.*
846	1	
847	2	
848	3	
849	4	Naissance des bâtards de Lacé-Lacédémone, connus sous le nom de Parthéniens.
		Olympiade XII. *Oxythemis.*
850	1	
851	2	
852	3	
853	4	Avènement de Perdiccas I au trône de Macédoine.
		Olympiade XIII. *Dioclès.*
854	1	
855	2	
856	3	Victoire d'Aristodème.
857	4	

Ere de Paros.	Ann. Olymp.	
		OLYMPIADE XIV.
		Dasmon & Hypène.
858	1	Prise de la Forteresse d'Ithome, & fin de la guerre de Messène.
859	2	
860	3	
861	4	
		OLYMPIADE XV.
		Orsippe.
862	1	
863	2	
864	3	Avènement de Candaule au trône de Lydie.
865	4	
		OLYMPIADE XVI.
		Pythagore.
866	1	Romulus est tué. Son apothéose.
867	2	
868	3	
869	4	

Ere de Paros.	Ann. Olymp.	
		OLYMPIADE XVII.
		Polos.
870	1	
871	2	
872	3	Cortone se bâtit dans la grande Grèce, suivant Eusebe.
873	4	
		OLYMPIADE XVIII.
		Tellis.
874	1	Avènement de Gygés au trône de Lydie.
875	2	
876	3	
877	4	
		OLYMPIADE XIX.
		Ménon.
878	1	
879	2	Midas III. monte au trône de Phrygie.
880	3	
881	4	

Ere de Paros. | Ann. Olymp.

OLYMPIADE XX.

Athéradas.

882 · · 1 Tems où quelques Historiens font fleurir le Poëte Archiloque.

883 · · 2

884 · · 3

885 · · 4

OLYMPIADE XXI.

Pentaclès.

886 · · 1 Irruption des *Scythes* en Asie Mineure.

887 · · 2

888 · · 3

889 · · 4

OLYMPIADE XXII.

Pentaclès, (une seconde fois.)

890 · · 1

891 · · 2 Fondation de Géla, en Sicile, suivant quelques Historiens.

892 · · 3

893 · · 4

Ere de Paros.	Ann. Olymp.	

OLYMPIADE XXIII.

Icare.

894 · · 1

895 · · 2 Etabliſſement de l'Archontat annuel dans Athènes.

896 · · 3

897 · · 4

OLYMPIADE XXIV.

Cléoptolème.

898 · · 1 Archontat de Créon, le premier connu des Archontes annuels.

899 · · 2

900 · · 3

901 · · 4 *Tléſias.*

OLYMPIADE XXV.

Thalpios.

902 · · 1 Courſe des chars, introduite aux jeux Olympiques.

903 · · 2

904 · · 3

905 · · 4

Ere de Paros.	Ann. Olymp.	
		OLYMPIADE XXVI.
		Callisthène.
906	1	
907	2	
908	3	Fondation de Chalcédoine.
909	4	
		OLYMPIADE XXVII.
		Eurybate.
910	1	
911	2	*Leostrate.*
912	3	
913	4	*Pisistrate.*
		OLYMPIADE XXVIII.
		Charmis.
914	1	*Antosthène.*
915	2	
916	3	
917	4	
		OLYMPIADE XXIX.
		Chionis.
918	1	*Miltiade* ou *Archimède.*
919	2	
920	3	
921	4	

Ere de Paros. | Ann. Olymp.

OLYMPIADE XXX.

Chionis, pour la ſeconde fois.

922..1

923..2 *Miltiade.*

924..3 Fondation de Byzance, aujourd'hui Conſtantinople.

925..4

OLYMPIADE XXXI.

Chionis, pour la troiſième fois.

926..1

927..2

928..3 Démarate, banni de Corynthe, cherche un aſyle dans Rome.

929..4

OLYMPIADE XXXII.

Cratinus.

930..1

931..2

932..3 Fondation d'Hymère, en Sicile.

933..4

Ere de Paros.	Ann. Olymp.	
		OLYMPIADE XXXIII.
		Gygès.
934	1	Tems où paraît l'Athlète Lygdamis, d'une taille colossale.
935	2	
936	3	
937	4	*Dropyle.*
		OLYMPIADE XXXIV.
		Stomas
938	1	Un Roi de Pise veut usurper le droit de présider aux jeux Olympiques.
939	2	
940	3	
941	4	
		OLYMPIADE XXXV.
		Sphæros.
942	1	*Damasias.* Avènement de Philippe I, Roi de Macédoine.
943	2	Naissance de Thalès.
944	3	
945	4	

Ere de Paros.	Ann. Olymp.	
		OLYMPIADE XXXVI. *Phrynon.*
946	1	*Epenète*
947	2	
948	3	
949	4	
		OLYMPIADE XXXVII. *Euryclide.*
950	1	Des enfans disputent le prix des jeux Olympiques.
951	2	
952	3	
953	4	
		OLYMPIADE XXXVIII. *Olynthe.*
954	1	Fondation de Sinope.
955	2	
956	3	
957	4	Avènement de Periandre à la tyrannie de Corynthe.
		OLYMPIADE XXXIX. *Rhipsolque.*
958	1	*Dracon.* Il donne ses loix, sui-

Ere de Paros.	Ann. Olymp.	
		vant Eusèbe & Clement d'Alexandrie.
959	2	
960	3	
961	4	Fondation de Dyrrachium.
		OLYMPIADE XL.
		Olynthe, pour la seconde fois.
962	1	Naissance de Xenophane.
963	2	
964	3	
965	4	
		OLYMPIADE XLI.
		Cléonide.
966	1	*Henochides.*
967	2	
968	3	Avènement de Tarquin l'ancien au trône de Rome.
969	4	
		OLYMPIADE XLII.
		Lycotas.
970	1	Pittacus, un des sept Sages, devient Souverain de Mitylène.

Ere de Faros.	Ann. Olymp.	
971	2	
972	3	
973	4	
		OLYMPIADE XLIII.
		Cléonis.
974	1	Tems où fleurit Bias de Priène, un des sept Sages.
975	2	
976	3	
977	4	*Aristocle.*
		OLYMPIADE XLIV.
		Gélon.
978	1	*Critias.* Tems où fleurissent Alcée & Sappho.
979	2	
980	3	
981	4	
		OLYMPIADE XLV.
		Anticrate.
982	1	*Megaclès.* Fondation de Marseille.
983	2	
984	3	
985	4	

Ere de Paros.	Ann. Olymp.	
		OLYMPIADE XLVI.
		Chryſaman.
986	1	
987	2	*Cleombrote.*
988	3	*Solon.* Légiſlation de ce grand homme.
989	4	*Dropidas.*
		OLYMPIADE XLVII.
		Euryclès.
990	1	*Eucrate.* Anacharſis vient en Grèce.
991	2	*Cimon.*
992	3	
993	4	
		OLYMPIADE XLVIII.
		Glycon.
994	1	*Phenippe.*
995	2	
996	3	
997	4	
		OLYMPIADE XLIX.
		Lycinos.
998	1	
999	2	

Ere de Paros.	Ann. Olymp.	
1000	3	*Damasias.* Corynthe devient République.
1001	4	

OLYMPIADE L.

Epytelidas.

1002	1	
1003	2	
1004	3	Servius Tullius devient Roi de Rome.
1005	4	*Archestratide.*

OLYMPIADE LI.

Eratosthène.

1006	1	Orphée écrit son Poëme sur les Argonautes.
1007	2	
1008	3	
1009	4	

OLYMPIADE LII.

Agis.

1010	1	Tems où fleurit Esope.
1011	2	
1012	3	*Aristomène.*
1013	4	

Ere de Paros.	Ann. Olymp.	
		OLYMPIADE LIII.
		Agnon.
1014	1	Tems où l'on place la naissance de Pythagore.
1015	2	
1016	3	*Comias.*
1017	4	
		OLYMPIADE LIV.
		Hippostrate.
1018	1	
1019	2	
1020	3	*Hippoclide.*
1021	4	*Hegesistrate.* Commencement de la tyrannie de Pisistrate.
		OLYMPIADE LV.
		Hippostrate, une seconde fois.
1022	1	
1023	2	
1024	3	
1025	4	Naissance de Simonide
		OLYMPIADE LVI.
		Phèdre.
1026	1	Chilon, un des sept Sages,

Ere de Paros.	Ann. Olymp.	
		eſt fait Ephore de Lacédémone.
1027	2	
1028	3	
1029	4	
		OLYMPIADE LVII. *Ladron.*
1030	1	Diſſolution de la Monarchie de Phrygie.
1031	2	Tems où fleurit Ariſtée.
1032	3	
1033	4	
		OLYMPIADE LVIII. *Diognète.*
1034	1	*Ercyclide.* Deſtruction de la Monarchie de Lydie.
1035	2	
1036	3	
1037	4	
		OLYMPIADE LIX. *Archiloque.*
1038	1	Tems où fleurit Pherecyde, inſtituteur de Pythagore.

Ere de Paros.	Ann. Olymp.	
1039	2	
1040	3	
1041	4	
		OLYMPIADE LX. *Apellée.*
1042	1	Tems où fleurit Xénophane.
1043	2	
1044	3	
1045	4	Commencement de Thespis, & de la Tragédie Grecque.
		OLYMPIADE LXI. *Agatharque.*
046	1	*Athenée.*
1047	2	*Hipparque.*
1048	3	*Héraclide.* Avènement de Tarquin le Superbe au trône de Rome.
1049	4	
		OLYMPIADE LXII. *Eryxias.*
1050	1	Tems où fleurit Milon de Crotone & Pythagore.
1051	2	

Ere de Paros. | Ann. Olymp.

1052..3

1053..4

OLYMPIADE LXIII.

Parmenide.

1054..1 Gouvernement d'Hipparque dans Athènes.

1055..2

1056..3

1057..4

OLYMPIADE LXIV.

Evandre.

1058..1 *Miltiade.*

1059..2 Mort de Polycrate, tyran de Samos.

1060..3

1061..4

OLYMPIADE LXV.

Apochas.

1062..1 Tems où l'on place la naissance de Pindare.

1063..2

1064..3

1065..4

Ere de Paros.	Ann. Olymp	
		OLYMPIADE LXVI.
		Ischyre.
1066	1	
1067	2	
1068	3	
1069	4	Sylofon obtient du Roi de Perfe la vice-royauté de Samos.
		OLYMPIADE LXVII.
		Phanas.
1070	1	*Cliſthène.* Meurtre d'Hipparque, par Harmodius & Ariſtogiton.
1071	2	
1072	3	
1073	4	Rome chaſſe ſes Rois, & ſe forme en République.
		OLYMPIADE LXVIII.
		Iſchomaque.
1074	1	*Liſagoras.*
1075	2	Guerre de Porſena contre les Romains.
1076	3	
1077	4	

Ere de Paros.	Ann. Olymp.	
		OLYMPIADE LXIX.
		Ischomaque, une seconde fois.
1078	1	*Accstoride.*
1079	2	
1080	3	
1081	4	
		OLYMPIADE LXX.
		Nicestas.
1082	1	*Myros.*
1083	2	
1084	3	
1085	4	Création d'un Dictateur dans Rome.
		OLYMPIADE LXXI.
		Tisicrate.
1086	1	*Hipparque.*
1087	2	*Philippe* ou *Pithocrite.*
1088	3	*Philippe* ou *Lacratide.*
1089	4	*Themistocle.*
		OLYMPIADE LXXII.
		Tisicrate, une seconde fois.
1090	1	*Diognète.*
1091	2	*Phenippe.* Bataille de Marathon, suivant les Marbres.

Ere de Paros.	Ann. Olymp.	
1092	3	*Aristide.* Mort de Miltiade.
1093	4	*Aristide.*

OLYMPIADE LXXIII.

Astyale.

1094	1	*Anchise.* Coriolan est exilé de Rome.
1095	2	*Philippe.*
1096	3	*Philocrate.*
1097	4	*Phédon.*

OLYMPIADE LXXIV.

Astyale, pour la seconde fois.

1098	1	*Leostrate.* Naissance d'Hérodote.
1099	2	*Nicodême.* Exil d'Aristide.
1100	3	*Achepsion.*
1101	4	*Callias.*

OLYMPIADE LXXV.

Astyale, pour la troisième fois.

1102	1	*Calliade.* Invasion de Xerxès.
1103	2	*Xantippe.*
1104	3	*Timosthène.*
1105	4	*Adimante.*

Ere de Paros.	Ann. Olymp.	

OLYMPIADE LXXVI.

Scamandre.

1106 · · 1 *Phédon.*

1107 · · 2 *Dromoclide.*

1108 · · 3 *Aceſtoride.* Victoire d'Hyeron de Syracuſe, aux jeux Pythiens.

1109 · · 4 *Ménon.*

OLYMPIADE LXXVII.

Dandés.

1110 · · 1 *Charès.*

1111 · · 2 *Praxiergue.* Exil de Themiſtocle

1112 · · 3 *Apſéphion.* Naiſſance de Thucydide.

1113 · · 4 *Phédon.*

OLYMPIADE LXXVIII.

Parménide.

1114 · · 1 *Théagenide.* Tems où fleurit le Peintre Xeuxis.

1115 · · 2 *Liſyſtrate.*

1116 · · 3 *Lyſanias.*

1117 · · 4 *Lyſithée.*

Ere de Paros.	Ann. Olymp.	
		OLYMPIADE LXXIX.
		Xenophon.
1118	1	*Archidemide.*
1119	2	*Tlépolème.*
1120	3	*Conon.*
1121	4	*Evippe.* La tyrannie est abolie à Catane, en Sicile.
		OLYMPIADE LXXX.
		Tirymas.
1122	1	*Phrasiclès.* Exil de Cimon.
1123	2	*Philoclès.*
1124	3	*Bion.*
1125	4	*Mnesithide.*
		OLYMPIADE LXXXI.
		Polymnaste.
1126	1	*Callias.*
1127	2	*Sosistrate.*
1128	3	*Ariston.* Rome tire des Grecs les Loix des douze tables.
1129	4	*Lysicrate.*
		OLYMPIADE LXXXII.
		Lycus.
1130	1	*Charèphane.*

Ere de Paros.	Ann. Olymp.	
1131	2	*Anètidote.*
1132	3	*Euthydème.*
1133	4	*Pedicus.* Tyrannie des Décemvirs dans Rome.
		OLYMPIADE LXXXIII *Crisson.*
1134	1	*Philisque.*
1135	2	*Timarchide.*
1136	3	*Callimaque.* Victoires de Périclès.
1137	4	*Lysimachide.*
		OLYMPIADE LXXXIV. *Crisson*, pour la seconde fois.
1138	1	*Praxitèle.*
1139	2	*Lysanias.*
1140	3	*Diphile.* Hérodote lit son histoire aux Athéniens.
1141	4	*Timoclès.*
		OLYMPIADE LXXXV. *Crisson*, pour la troisième fois.
1142	1	*Myrrichide.*
1143	2	*Glaucidas.*
1144	3	*Théodore.* Le Poëte Sophocle

Ere de Paros. | Ann. Olymp.

est élu Général des Athéniens.

1145 · · 4 *Euthymène.*

OLYMPIADE LXXXVI.

Théopompe.

1146 · · 1 *Nausimaque.* Naissance d'Isocrate.

1147 · · 2 *Antilochide.*

1148 · · 3 *Charès.*

1149 · · 4 *Apseudès.*

OLYMPIADE LXXXVII.

Sophron.

1150 · · 1 *Pythodore.*

1151 · · 2 *Eutydème.* Commencement de la guerre du Péloponèse.

1152 · · 3 *Apollodore.*

1153 · · 4 *Epaminondas.* Mort de Periclès.

OLYMPIADE LXXXVIII.

Symmaque.

1154 · · 1 *Diotime.*

1155 · · 2 *Euclide.*

Ere de Paros.	Ann. Olymp.	
1156	3	*Eutydème.* Peste dans l'Asie & dans le Péloponèse.
1157	4	*Stratocle.*
		OLYMPIADE LXXXIX. *Symmaque*, une seconde fois.
1158	1	*Isarque.*
1159	2	*Amynias.*
1160	3	*Alcée.* Incendie du temple de Junon, dans Argos.
1161	4	*Aristion.*
		OLYMPIADE XC. *Hyperbios.*
1162	1	*Astyphile.* Premiers exploits d'Alcibiade.
1163	2	*Archias.*
1164	3	*Antiphon.*
1165	4	*Euphème.*
		OLYMPIADE XCI. *Exagète.*
1166	1	*Aristomneste.*
1167	2	*Chabrias.* Descente des Athéniens en Sicile. Procès d'Alcibiade.

Ere de Paros.	Ann. Olymp.	
1168	3	*Pisandre.*
1169	4	*Cléarque.*
		OLYMPIADE XCII.
		Exagète, pour la seconde fois.
1170	1	*Callias.* Tyrannie des quatre cents dans Athènes.
1171	2	*Euctèmon.*
1172	3	*Glaucippe.*
1173	4	*Dioclès.*
		OLYMPIADE XCIII.
		Eubatas.
1174	1	*Euctèmon.*
1175	2	*Antigène.*
1176	3	*Callias.* Bataille des Arginuses.
1177	4	*Alexias.*
		OLYMPIADE XCIV.
		Crocinas.
1178	1	*Pythodore.* Prise d'Athènes; Etablissement des trente Tyrans.
1179	2	*Eulide.*
1180	3	*Mycon.*
1181	4	*Exenète.*

Ere de Paros.	Ann. Olymp.	
		OLYMPIADE XCV.
		Ménon.
1182	1	*Lachès*. Supplice de Socrate.
1183	2	*Aristocrate.*
1184	3	*Ithyclès.*
1185	4	*Lysiade.*
		OLYMPIADE XCVI.
		Eupolème.
1186	1	*Phormion.* Prise de Veyes, par les Romains.
1187	2	*Diophante.*
1188	3	*Eubulide.*
1189	4	*Demostrate.*
		OLYMPIADE XCVII.
		Terinée.
1190	1	*Philoclès.* Irruption de Brennus, en Italie.
1191	2	*Nicotèle.*
1192	3	*Démosthène.*
1193	4	*Antipater.*
		OLYMPIADE XCVIII.
		Sosippe.
1194	1	*Pyrhis.*

Ere de Paros.	Ann. Olymp.	
1195	2	*Théodote.* Paix ignominieuse d'Antahidas.
1196	3	*Mystichide.*
1197	4	*Dexithée.*
		OLYMPIADE XCIX.
		Dicon.
1198	1	*Diotrèpe.* Naissance d'Aristote.
1199	2	*Phanostrate.*
1200	3	*Evandre.* Naissance de Démosthène.
1201	4	*Demophile.*
		OLYMPIADE C.
		Dyonisiodore.
1202	1	*Pythéas.*
1203	2	*Nicon.*
1204	3	*Nausinique.*
1205	4	*Callias.* Bataille de Naxos, gagnée par Chabrias.
		OLYMPIADE CI.
		Damon.
1206	1	*Chariandre.*
1207	2	*Hippodame.*
1208	3	*Socratide.*

1209

Ere de Paros.	Ann. Olymp.	
1209	4	*Aristée.* Grand tremblement de terre dans le Péloponèse.

OLYMPIADE CII.

Damon, une seconde fois.

1210	1	*Alchistène.*
1211	2	*Phrasiclide.* Bataille de Leuctres.
1212	3	*Dysnicète.*
1213	4	*Lysistrate.*

OLYMPIADE CIII.

Pythostrate.

1214	1	*Nausigène.*
1215	2	*Polyzèle.* Victoire de Camille, sur Brennus.
1216	3	*Cephisodore.*
1217	4	*Chion.*

OLYMPIADE CIV.

Eubotas.

1218	1	*Timocrate.* Victoire & mort de Pelopodas.
1219	2	*Chariclide.*

Ere de Paros.	Ann. Olymp.	
1220	3	*Molon.*
1221	4	*Nicophème.*

OLYMPIADE CV.

Pauros de Cyrène.

Ere de Paros.	Ann. Olymp.	
1222	1	*Callimide.*
1223	2	*Eucharifte.* Mort de Xenophon.
1224	3	*Cephifodore.*
1225	4	*Agathocle.*

OLYMPIADE CVI.

Pauros le Malien.

Ere de Paros.	Ann. Olymp.	
1226	1	*Elpinice.*
1227	2	*Calliftrate.* Naiffance d'Alexandre.
1228	3	*Diotime.* Mort de Dion ; dernière époque de la chronique de Paros.
1229	4	*Eudème.*

OLYMPIADE CVII.

Micrinas.

Ere de Paros.	Ann. Olymp.	
1230	1	*Ariftodème.*
1231	2	*Theffalos.*

Ere de Paros.	Ann. Olymp.	
1232	3	*Apollodore.* Conquête de l'Egypte, par Ochus.
1233	4	*Callimaque.*
		OLYMPIADE CVIII. *Polyclès.*
1234	1	*Théophile.* Mort de Platon.
1235	2	*Themiſtoclé.*
1236	3	*Archias.*
1237	4	*Eubèle.*
		OLYMPIADE CIX. *Ariſtoloque.*
1238	1	*Lyciſque.*
1239	2	*Pythodore.* Ariſtote eſt nommé Précepteur d'Alexandre.
1240	3	*Soſigène.*
1241	4	*Nicomaque.*
		OLYMPIADE CX. *Anticlès.*
1242	1	*Théophraſte.*
1243	2	*Lyſimachide.*
1044	3	*Charondas.* Bataille de Cheronée.
1245	4	*Phrynique.*

Ere de Paros.	Ann. Olymp.	
		OLYMPIADE CXI.
		Cléomantis.
1246	1	*Pythodore.* Avènement d'Alexandre.
1247	2	*Evénète.*
1248	3	*Ctesiclès.*
1249	4	*Nicocrate.*
		OLYMPIADE CXII.
		Eurylas.
1250	1	*Anicet.*
1251	2	*Aristophane.* Bataille d'Arbelles
1252	3	*Aristophon.*
1253	4	*Cephisophon.*
		OLYMPIADE CXIII.
		Cliton.
1254	1	*Euthycrate.*
1255	2	*Hégénon.* Conquêtes de l'Inde.
1256	3	*Chrémès.*
1257	4	*Sosiclés.*

L'année suivante, c'est-à-dire la première année de la cent quatorzième

Olympiade, Alexandre meurt à Babylone. Cette époque termine l'hiſtoire de la Grèce dans ſa gloire, & il eſt inutile de pouſſer plus loin le tableau des Olympiades.

FIN.

TABLE GÉNÉRALE
DE L'HISTOIRE DE LA GRÈCE.

Tome I.

Tome II.

Tome III.

Tome IV.

Tome V.

Tome VI.

Tome VII.

Tome VIII.

Tome IX.

Tome X.

Tome XI.

Tome XII.

Fin de la Table générale.

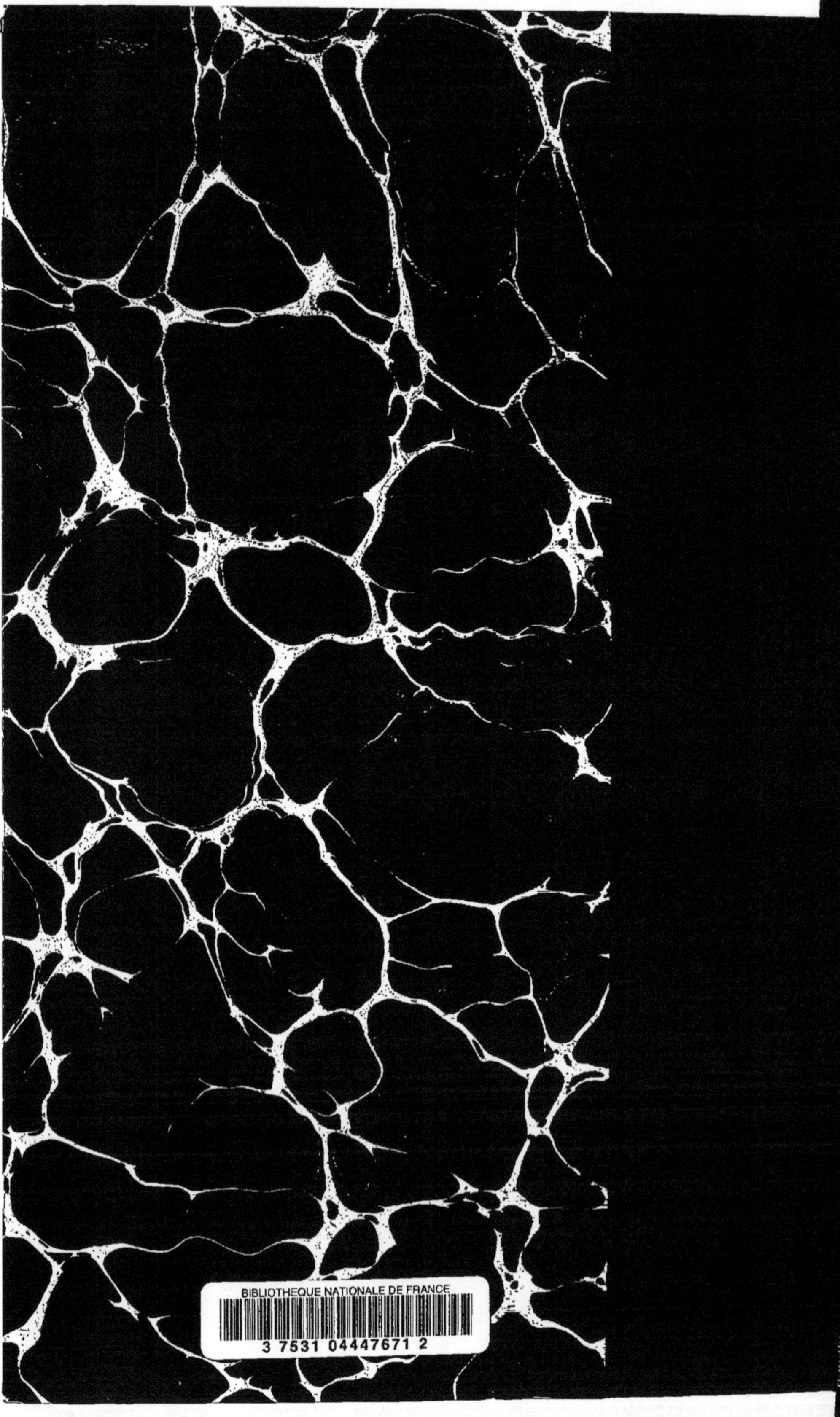

www.ingramcontent.com/pod-product-compliance
Ingram Content Group UK Ltd.
Pitfield, Milton Keynes, MK11 3LW, UK
UKHW020603230726
13926UKWH00005B/2158